Editora Appris Ltda.
1.ª Edição - Copyright© 2024 da autora
Direitos de Edição Reservados à Editora Appris Ltda.

Nenhuma parte desta obra poderá ser utilizada indevidamente, sem estar de acordo com a Lei nº 9.610/98. Se incorreções forem encontradas, serão de exclusiva responsabilidade de seus organizadores. Foi realizado o Depósito Legal na Fundação Biblioteca Nacional, de acordo com as Leis n°s 10.994, de 14/12/2004, e 12.192, de 14/01/2010.

Catalogação na Fonte
Elaborado por: Josefina A. S. Guedes
Bibliotecária CRB 9/870

M827e
2024
	Moraes, Pamela Mendes de
	    Édem / Pamela Mendes de Moraes. – 1. ed. – Curitiba: Appris, 2024.
	    287 p. ; 23 cm.
	
	    ISBN 978-65-250-5836-8
	
	    1. Ficção brasileira. 2. Violência. 3. Amor. I. Título.
	
	                                                                                                             CDD – B869.3

Editora e Livraria Appris Ltda.
Av. Manoel Ribas, 2265 – Mercês
Curitiba/PR – CEP: 80810-002
Tel. (41) 3156 - 4731
www.editoraappris.com.br

Printed in Brazil
Impresso no Brasil

PAMELA MENDES DE MORAES

ÉDEM

Appris
editora

FICHA TÉCNICA

EDITORIAL	Augusto Coelho
	Sara C. de Andrade Coelho
COMITÊ EDITORIAL	Ana El Achkar (UNIVERSO/RJ)
	Andréa Barbosa Gouveia (UFPR)
	Conrado Moreira Mendes (PUC-MG)
	Eliete Correia dos Santos (UEPB)
	Fabiano Santos (UERJ/IESP)
	Francinete Fernandes de Sousa (UEPB)
	Francisco Carlos Duarte (PUCPR)
	Francisco de Assis (Fiam-Faam, SP, Brasil)
	Jacques de Lima Ferreira (UP)
	Juliana Reichert Assunção Tonelli (UEL)
	Maria Aparecida Barbosa (USP)
	Maria Helena Zamora (PUC-Rio)
	Maria Margarida de Andrade (Umack)
	Marilda Aparecida Behrens (PUCPR)
	Marli Caetano
	Roque Ismael da Costa Güllich (UFFS)
	Toni Reis (UFPR)
	Valdomiro de Oliveira (UFPR)
	Valério Brusamolin (IFPR)
SUPERVISOR DA PRODUÇÃO	Renata Cristina Lopes Miccelli
PRODUÇÃO EDITORIAL	Bruna Holmen
REVISÃO	Katine Walmrath
DIAGRAMAÇÃO	Renata Cristina Lopes Miccelli
CAPA	João Vitor Oliveira
REVISÃO DE PROVA	Isabela Bastos

Para meu pai, obrigada por me incentivar a começar a escrever.

E para minha mãe, obrigada por não me deixar desistir de seguir em frente com meus sonhos.

"Todos têm que escrever um livro, plantar uma árvore e ter um filho."

AGRADECIMENTOS

Gostaria de agradecer a todas as pessoas que tornaram possível a realização deste livro. Aos meus incríveis pais, Juliana e Sérgio, por seu constante incentivo e apoio incondicional. Embora minha irmã não tenha lido Éden ou me dado tanto apoio quanto eu esperava, ainda sou grata por tê-la em minha vida. Amo todos vocês, minha família, por estarem ao meu lado, mesmo nos momentos mais desafiadores.

Agradeço a Deus, por me conceder essa habilidade de escrita e por me guiar ao longo dessa jornada.

Um agradecimento especial aos meus amigos, em particular ao Pedro Lisboa e à Helena, por seu apoio e encorajamento contínuo. Também sou imensamente grata à equipe da minha editora, especialmente à Bruna e à Eliane, que estiveram ao meu lado durante todo o processo. Obrigada a todos os outros membros da equipe que contribuíram para tornar este livro uma realidade.

Receber a carta de aceite foi um momento emocionante em minha vida. Lembro-me de chorar muito, pois um dia antes, no domingo, estava cheia de dúvidas e incertezas, temendo que Éden não passasse na avaliação crítica. Descobrir que ele obteve uma nota surpreendente de 9.4 foi surreal para mim.

Também quero expressar minha gratidão a mim mesma. Por ter começado a ler, o que despertou minha imaginação e me levou a criar histórias em minha mente. Obrigada por me dar uma chance na leitura e, principalmente, na escrita.

Por fim, gostaria de agradecer a todos os leitores. Espero sinceramente que cada palavra deste livro toque suas almas da mesma forma que tocou a minha. Seu apoio e apreciação significam o mundo para mim.

Com gratidão, Pamela.

Querida mãe,

Palavras não são suficientes para expressar o quão grata eu sou por ter você como minha mãe. Você tem sido minha maior fonte de apoio e inspiração ao longo da minha vida, e eu não poderia ter pedido por uma mãe melhor.

Desde o momento em que comecei a sonhar em escrever este livro, você esteve ao meu lado, encorajando-me a seguir em frente e acreditar no meu talento. Você sempre acreditou em mim, mesmo quando eu duvidava de mim mesma. Seu amor incondicional e apoio constante me deram forças para continuar, mesmo nos momentos mais difíceis.

Você é a pessoa que me ensinou a amar a leitura desde cedo, abrindo as portas para um mundo de imaginação e criatividade. Sua paixão pela literatura inspirou-me a explorar meu próprio potencial como escritora. Sei que posso contar com você para ler cada palavra que escrevo e para ser minha crítica mais honesta.

Além disso, sua dedicação incansável à nossa família é verdadeiramente admirável. Você sempre colocou nossas necessidades antes das suas, sacrificando-se sem hesitação. Sua força e coragem são uma bússola que me guia em todas as decisões que tomo.

Mãe, eu amo você além das palavras. Este livro é dedicado a você, pois sem o seu amor, apoio e crença em mim eu nunca teria alcançado esta conquista. Sou abençoada por ter você como minha mãe e sou eternamente grata por tudo o que você fez por mim.

AVISOS!

Este livro pode conter possíveis gatilhos, tais como:
- palavras de baixo calão;
- rachas de carro;
- traumas;
- violência explícita.

Entre outras coisas. Cuide-se antes de iniciar uma leitura.

Para aqueles que buscam a emoção da adrenalina em suas vidas, este livro é para vocês.

Boa leitura! <3

PRÓLOGO

O fim de outubro de 2022 com certeza não foi como Lilith Pérez esperava. A morte repentina de seu pai mudaria completamente a sua vida. Devastada pela perda do pai, o mundo de Lilith parecia desmoronar ao seu redor. As cores outrora vibrantes de sua vida no México agora se desvaneceram em um tom opaco de cinza. Era como se uma parte dela tivesse morrido junto com ele. Enquanto lutava com a dor e a confusão, sua mãe, Sabrina, tomou a decisão de se mudar para os Estados Unidos, um país a milhares de quilômetros de distância de tudo o que ela conhecia e amava.

A ideia de deixar sua casa para trás parecia uma traição para Lilith. O México foi o pano de fundo de sua adolescência rebelde, onde ganhou notoriedade por sua participação em corridas de rua ilegais. Ela era conhecida como a rainha destemida da cena das corridas, seu carro elegante disparando pelas ruas iluminadas por neon, deixando um rastro de emoção movida a adrenalina.

Mas agora tudo era diferente. As ruas familiares da Cidade do México foram substituídas pelas vistas estrangeiras e desconhecidas de Chicago. Lilith se viu empurrada para um mundo que não entendia, cercada por pessoas que falavam uma língua que ela lutava para compreender. As buzinas estridentes e a energia caótica da Cidade do México foram substituídas pela atmosfera ordenada e estruturada de Chicago. Ela se sentia como um peixe fora d'água, lutando para se adaptar.

CAPÍTULO 1

Era sábado à noite, mais precisamente às 2h37 da manhã, quando acordei do pesadelo recorrente que me assombrava nas últimas semanas: meu pai. O terror que sentia ao vê-lo nos meus sonhos era indescritível, uma presença sombria que despertava em mim um misto de medo e angústia.

Ainda tremendo, decidi levantar e ir até a cozinha em busca de um copo d'água para acalmar meus nervos. Tive o cuidado de descer as escadas silenciosamente, com receio de acordar os outros membros da casa. Apenas o silêncio noturno me acompanhava enquanto eu seguia em direção à cozinha.

Ao chegar lá, bebi a água lentamente, tentando afastar os pensamentos perturbadores que ainda pairavam na minha mente. No entanto, ao retornar para o meu quarto, fui surpreendida por ruídos estranhos que ecoavam do bosque vizinho, conhecido como Éden.

A curiosidade falou mais alto e eu não pude resistir à vontade de investigar o que estava acontecendo. Apesar do receio e da escuridão que envolvia tudo lá fora, decidi me aventurar e tentar vislumbrar algo no bosque.

Nada. A escuridão era muito densa.

Já no meu quarto, tranquei a porta, buscando um pouco de segurança. Peguei meu celular e, com mãos trêmulas, disquei o número da minha melhor amiga, Ashley. Naquele momento, eu precisava desesperadamente de alguém com quem compartilhar meus medos e ansiedades, especialmente em uma hora tão estranha e assustadora como aquela.

No entanto, mesmo ao ouvir a voz acolhedora de Ashley do outro lado da linha, hesitei em me abrir completamente. Sempre fui uma pessoa reservada, guardando meus segredos e temores para mim mesma.

E eu prefiro que seja assim.

— O que diabos você pensa que está fazendo me ligando às 2h50 da manhã! Sério, você é maluca — Ashley reclamou assim que atendeu o telefone.

— Sinceramente, só você para me fazer rir em uma hora dessas — disse rindo.

Eu havia mudado recentemente de minha confortável e enorme casa no México para uma casa razoavelmente pequena em Chicago. A transição havia sido muito difícil, e o ambiente antes aconchegante e familiar agora se tornara uma fonte de desespero. A casa de dois andares, cercada pela densa mata do bosque, parecia pequena e escura em comparação com o que eu estava sentindo.

— Tá, tá, o que você quer? Você está interrompendo o meu sono da beleza!

— Eu perdi o sono. Ouvi ruídos estranhos vindos do bosque, e sei lá, parece que tem alguém me observando.

— Provavelmente é algum animal — Ashley disse sonolenta e claramente já sem paciência.

O modo como eu e Ashley nos conhecemos foi um pouco constrangedor, e talvez seja por isso que somos tão amigas.

(...)

Era o meu primeiro dia de aula em uma faculdade nova em um país desconhecido, e eu estava incrivelmente nervosa. O suor frio escorria pelo meu rosto enquanto eu adentrava a escola. Determinada a encontrar a sala do diretor, me aproximei de um garoto loiro e educadamente perguntei onde ela ficava. Ele apontou para o segundo andar e, com um agradecimento rápido, segui em frente pelo corredor.

Meu coração batia acelerado e eu estava tão ansiosa que mal prestava atenção ao meu redor. Ao avistar a escada, subi rapidamente, sem olhar para a frente. Foi então que aconteceu. Em meio à minha pressa desenfreada, acabei colidindo com uma garota de cabelos pretos, fazendo com que ambas caíssemos ao chão. O impacto foi repentino e inesperado, deixando-nos momentaneamente atordoadas.

— Porra, garota, olha por onde anda! — a menina diz enquanto o garoto que estava com ela ajuda-a a levantar.

— Ai, meu Deus, mil desculpas, eu não tinha te visto — eu digo atropelando as palavras. Ela estava me fuzilando com o olhar, e juro que por um momento pensei que ela arrancaria minha cabeça fora.

— Tudo bem. Você é uma novata mexicana, não é? — ela diz passando a mão pelos longos cabelos pretos.

Foi nesse momento que finalmente percebi a beleza estonteante da garota diante de mim. Não que eu me considerasse feia, afinal eu amava meus cabelos ruivos e minhas sardas. Mas essa garota... ela era simplesmente deslumbrante, como uma modelo. Sua altura era perfeitamente equilibrada, seus cabelos longos e negros realçavam ainda mais sua beleza. Seu corpo era impecável, daqueles que qualquer garota desejaria ter. Seus olhos verdes, os lábios carnudos e os cílios longos completavam o conjunto de traços perfeitos que compunham seu rosto.

— Bom, por que você está com tanta pressa mexicana? Até parece que viu um monstro — ela continua falando, já que não respondi à sua pergunta anterior. Mas antes que eu pudesse responder, o garoto alto com cabelos castanhos e olhos azuis que está ao seu lado responde:

— Bom, ela viu você, Ashley, é óbvio que ela iria querer correr.

— Eu estou procurando a sala do diretor — eu digo segurando o riso.

— Eu vou fingir que você não disse isso, James — a tal Ashley diz fuzilando o garoto. — Eu posso te mostrar onde fica a sala do diretor — ela diz, agora olhando diretamente para mim.

— Muito obrigada, eu estava meio perdida mesmo. Ah, eu me chamo Lilith — eu disse meio envergonhada, já que não havia me apresentado antes.

Depois disso, Ashley me levou até a sala do diretor para pegar o horário das minhas aulas, e descobrimos que nossos horários são iguais. Depois da aula, eu, Ashley e James fomos até uma cafeteria, e desde então, não nos separamos mais.

(...)

— Está bem, vou voltar a dormir. Você vai na corrida amanhã? Vamos ganhar fácil com os novatos. Preciso dormir agora, amanhã cedo pego minha Lamborghini na oficina.

— Sim, vou na corrida amanhã. Durma bem, conversamos depois.

— Obrigada! Boa noite, te amo — Ashley diz aliviada.

— Boa noite. Eu também te amo — eu respondo e desligo o telefone.

Após desligar o telefone, uma onda de tristeza e desconforto toma conta de mim, e sinto uma imensa falta do meu pai.

Odeio o Lorenzo, meu padrasto, com toda a intensidade que consigo reunir. Ele não passa de um homem egoísta e irresponsável, que usa o dinheiro da minha mãe para satisfazer seus vícios em bebidas e drogas. Nunca o vi sóbrio, sempre em um estado de embriaguez ou entorpecido pela influência das substâncias que consome.

Enquanto meus pensamentos se enchem de ódio por Lorenzo, um cheiro horrível de cigarro invade minhas narinas, acompanhado por uma brisa suave que se infiltra pela janela aberta. Ao me aproximar para fechá-la, me deparo com a visão de um homem alto e musculoso fumando no bosque próximo. Sua presença apenas reforça minha aversão pelo hábito de fumar, pois além dos danos à saúde, é esteticamente desagradável e exala um odor repugnante.

— Babaca — eu digo mais para mim mesma.

— Sabe, eu ouvi. — O homem que antes estava atrás de uma árvore, agora está perto da minha janela, olhando diretamente para mim.

— E quem disse que eu não queria que você ouvisse? — eu respondo irritada, e imediatamente fecho a janela com mais força que o necessário. Volto para a cama e logo em seguida caio no sono.

(...)

Acordo com o meu telefone tocando.

— Porra, Ashley, o que você quer? — eu reclamo assim que atendo a ligação.

— Bom dia, meu anjo! Dormiu bem? Eu e James estamos te esperando aqui na frente de sua casa, amor! — Ashley diz animada.

— Ok, seus psicopatas — digo sem ânimo.

Após desligar o telefone, levanto da cama e me dirijo imediatamente ao banheiro para escovar os dentes e lavar o rosto. Ao sair do banheiro, vou em busca de uma roupa para vestir. Escolho uma saia preta e um cropped de manga longa, ambos na mesma cor. Assim que termino de me arrumar, desço as escadas e me deparo com Lorenzo. Decido ignorá-lo e sigo em direção à saída de casa.

— Bom dia, babaquinhas — digo enquanto entro na BMW preta de James. — Posso saber para onde estão me levando? — eu continuo.

— Para a oficina do Santiago! — Ashley dá um gritinho de empolgação assim que diz o nome do homem.

Santiago Salvatore é um italiano de estatura alta e corpo musculoso. Sua pele é adornada por diversas tatuagens, e seus cabelos loiros e olhos azuis chamam a atenção. Apesar de sua postura rígida, ele é extremamente simpático e afetuoso, especialmente com Ashley.

— Hahaha — James solta uma risada escandalosa. — Você está superapaixonadinha pelo Salvatore, Ashley!

(...)

Ao chegar na oficina, me deparo com a cena curiosa das pernas de Santiago sobressaindo debaixo da imponente Lamborghini roxa de Ashley. É como se ele estivesse completamente imerso no mundo mecânico, dedicando toda a sua atenção e habilidade para cuidar do veículo com maestria.

Com uma voz irritante e aguda, Ashley exclama:

— Ah, meu amor! Como senti a sua falta! Você ficou com saudade da mamãe?

A sua expressão de encantamento e carinho pelo carro é tão intensa que fica difícil distinguir se ela está se referindo ao veículo ou ao próprio Santiago.

Divertida com a situação, sussurro para James em um tom baixo o suficiente para que Ashley não escute:

— Às vezes é difícil saber se ela está falando com o carro ou com o Santiago.

James concorda com um leve aceno de cabeça, compartilhando do mesmo pensamento.

Nesse momento, o mecânico emerge de baixo do carro, revelando-se como Santiago. Ele traz consigo um sorriso gentil e confiante no rosto, demonstrando sua paixão pelo trabalho que realiza. Com um tom profissional e tranquilo, ele diz:

— Presumo que você gostaria de saber que seu bebê está bem, Ash. Apenas alguns arranhões superficiais, nada grave.

Ashley se enche de gratidão e carinho ao olhar para Santiago. Em um gesto afetuoso, ela deposita um beijo carinhoso na bochecha dele e exclama:

— Obrigada, Santiaguinho, por cuidar do meu bebê!

A conexão entre os dois é visível, revelando a dinâmica especial que compartilham e a confiança que Ashley deposita em Santiago para cuidar de sua preciosa Lamborghini.

(...)

Ao chegar em casa, subi para o meu quarto o mais rápido possível, evitando qualquer contato com Lorenzo. Ao entrar, o familiar cheiro de cigarro da noite anterior invadiu minhas narinas e me dirigi à janela.

— Você realmente não tem noção dos riscos do cigarro? — perguntei ao garoto, que me encarou com um sorriso de canto nos lábios.

— Não, conte-me — disse ele debochando, ainda sorrindo.

— Céus! Pare de fumar perto da minha janela, seu idiota. Se você quer morrer de câncer, vá em frente, mas morra sozinho. E além disso, o cheiro é insuportável. A nicotina é prejudicial para quem fica perto de um fumante como você — desabafei irritada.

— Uau — o garoto diz enquanto dá outra tragada em seu cigarro. — Até que a ruiva tem o mínimo de conhecimento.

— Você me chamou do quê? — respondo com um tom de indignação na voz.

— Ruiva, é o que você é, não é? A menos que eu tenha um problema com daltonismo, o que eu acho improvável — ele disse enquanto apagava o cigarro.

— Mas, olha, não te dei liberdade para me chamar assim.

— Sinto te informar que você tem dois problemas. Um é se incomodar comigo te chamando assim e o outro é aceitar que eu não vou parar — ele respondeu firmemente.

Percebo a raiva tomando conta de mim ao ouvir ele me chamando de ruiva. Meu pai me chamava assim...

— Pretende me ver de novo? — pergunto de forma sarcástica, continuando a conversa mesmo sabendo que vou me arrepender.

— Bem... Somos vizinhos. Uma hora ou outra nos veremos novamente.

— Olha, só vê se fuma longe da minha janela — digo fechando a janela com força.

Moro em um bairro afastado da cidade, onde tudo parece tranquilo e sereno. Porém, em meio à calmaria, há uma pessoa que sempre consegue trazer um ar de estresse para minha vida — Matthew Meyer, meu vizinho. Os Meyer, como são conhecidos na cidade, são donos de uma empresa milionária de grande sucesso.

A casa dos Meyers é uma visão impressionante, erguendo-se alta e grandiosa no final da rua. Está separada de minha humilde morada por um bosque conhecido como Éden. Não é um lugar estressante; na verdade, serve como um oásis de tranquilidade em nossa vizinhança. Sua vegetação exuberante e ambiente tranquilo contrastam fortemente com o mundo agitado que Matthew habita.

Enquanto pesquiso na internet algumas informações sobre os Meyers — não obtendo sucesso, apenas achei coisas sobre a empresa deles e algumas fotos em família —, ouço meu celular vibrando.

Ashley <3

Você lembra que hoje tem corrida, né?

Como esquecer se você faz questão de lembrar?

Ok, passo aí às 21h30. Esteja pronta quando eu chegar.

Depois de um tempo, Ashley me manda mensagem novamente.

Mudança de planos, gata. James vai te buscar.

CAPÍTULO 2

Eram 21h20 quando James chegou à festa. Ao entrarmos no local, a primeira coisa que chamou nossa atenção foi a presença marcante de Ashley. Ela estava deslumbrante em um vestido roxo com brilhos, combinado com um coturno preto que dava um toque de rebeldia ao seu visual. Seus acessórios também não passavam despercebidos, com destaque para um brinco de estrelas preto e uma bolsa da mesma cor.

Enquanto isso, James optou por um estilo mais casual, usando uma camiseta branca, uma jaqueta verde e uma calça bege. Mesmo com uma aparência mais descontraída, ele ainda exalava confiança e charme.

A festa estava lotada como sempre, com uma atmosfera vibrante e animada. O cheiro forte de bebida e fumaça compunha o ambiente, dando um ar de intensidade e diversão. O local contava com um bar movimentado, onde as pessoas se reuniam para socializar e aproveitar as bebidas antes das corridas.

As caixas de som espalhadas pelo espaço tocavam músicas animadas em espanhol, trazendo à memória lembranças da minha antiga casa. A pista iluminada pelas luzes neon era o ponto central da festa, onde Ashley estacionou o carro. Sabendo que ela participaria de uma corrida emocionante naquela noite, era essencial que ela se mantivesse sóbria e focada.

A energia no ar era palpável, todos os presentes estavam ansiosos pelo início das competições eletrizantes que aconteceriam ao longo da noite. Era uma festa de corrida de racha, com carros modificados e motores potentes. A adrenalina pulsava nas veias dos participantes e dos espectadores, criando uma atmosfera única de emoção e desafio.

Enquanto Ashley se preparava para a corrida, era nítido o olhar determinado em seus olhos. Ela sabia que não podia se permitir distrações, incluindo o consumo de álcool. Sua mente estava focada em dar o seu melhor e enfrentar os desafios que viriam pela frente.

Enquanto observávamos a agitação ao nosso redor, eu me sentia grata por estar presente naquela noite cheia de adrenalina e na companhia de amigos tão especiais como Ashley e James. A festa prometia ser inesquecível, repleta de momentos emocionantes e lembranças para toda a vida.

Ao sairmos do carro, o som que antes estava abafado aumentou significativamente.

— Vamos lá, Lili! — disse Ashley com seu ânimo habitual. — Temos uma corrida para ganhar!

— Vamos dançar, porque daqui a pouco eu tenho que correr! — Ashley disse, enquanto me puxava em direção à multidão. — Pera, aquele não é o seu vizinho? — disse apontando em direção a um garoto. — Aaaa, Santiago! — ela gritou e foi atrás do homem alto, me deixando sozinha.

— Como sempre, Ash nos abandonando para ir com o Santiago — James disse rindo.

— Bem, eu vou pegar uma bebida para mim. Vai querer uma, James? — pergunto olhando diretamente para o garoto à minha frente.

— Vou querer sim — responde ele com um sorriso. — Aliás, você está muito linda, Lili — acrescenta James, piscando para mim. Agradeço com um sorriso de canto e decido seguir em direção ao bar.

Estou vestindo uma calça estilo cargo preta, um cropped branco e uma jaqueta do mesmo estilo da calça, também preta. Meus cabelos ruivos estão presos em um rabo de cavalo alto, dando um toque despojado ao meu visual. Ao chegar no bar, chamo a atenção do barman e faço o meu pedido.

— Oi, eu quero dois do seu melhor drinque — eu digo ao barman, que responde com um aceno de cabeça, indicando que entendeu o meu pedido.

Enquanto aguardo pelas bebidas, sinto um toque suave em minhas costas. Ao virar a cabeça para ver quem é, me deparo com um garoto alto e musculoso, com os cabelos pretos desalinhados e uma regata branca. Minhas bochechas coram instantaneamente de irritação.

— Agora você está me perseguindo? — digo em tom irritado. O garoto dá um sorriso descontraído e responde:

— Acho que começamos com o pé esquerdo. Eu sou o Matthew. — Ele estica a mão para cumprimentar-me, mas fico alguns segundos olhando para sua mão sem dizer nada. Agradeço mentalmente quando o barman finalmente chega com as minhas bebidas.

Decido que não aguento nem mais um segundo ao lado desse garoto. Sua presença me tira do sério. Agradeço ao barman e pego as bebidas, indo em direção a James, que está conversando animadamente com Ashley e Santiago. Ao me aproximar, a energia da conversa está contagiante, e decido deixar o encontro com Matthew para trás e me concentrar em aproveitar a festa ao lado dos meus amigos.

— Aqui está — eu digo entregando a bebida para James.

— Obrigado, Lili — ele me agradece.

— Bem, o que eu perdi? — Dou um gole na minha bebida, sentindo o líquido queimar minha garganta. Não sou fraca para bebidas, mas essa é das fortes.

— Estávamos falando sobre como eu sou maravilhosa e que vou ganhar de lavada desses novatos — responde Ashley, fazendo um rabo de cavalo em seu cabelo. Ela sempre se destaca nas corridas.

— Falando nisso, tem algumas gangues perigosas aqui hoje, então tenham cuidado em dobro essa noite — acrescenta ela em um tom sério, dando um gole em sua água. Ashley é muito cuidadosa quando o assunto é corrida. Apesar de não usar roupas específicas e apropriadas para as corridas, ela nunca bebe ou fuma antes de correr.

Em todo racha, sempre tem equipes que competem. Ou melhor dizendo, as gangues. São raras as vezes em que aparecem gangues realmente perigosas junto com os novatos. Eles trazem um elemento de imprevisibilidade e emoção para a corrida, já que sua presença muitas vezes significa uma mudança na dinâmica e nas táticas. Essas gangues perigosas são conhecidas por sua abordagem destemida e busca incansável pela vitória, tornando-as oponentes formidáveis no circuito de corrida.

Essas gangues perigosas não apenas possuem habilidades excepcionais de direção, mas também têm a reputação de se envolver em atividades ilegais fora da pista de corrida. A mera menção de seus nomes causa arrepios na espinha até dos corredores de rua mais experientes, como eu e Ashley. Eles são conhecidos por sua audácia, imprudência e vontade de assumir riscos extremos.

Uma dessas gangues que vem à mente é a notória "Santa Muerte", também chamada de "Night Vipers". Conhecidos por seus elegantes carros pretos adornados com impressionantes motivos de víboras, eles ganharam uma reputação por suas táticas implacáveis e manobras estratégicas. Eles participam de atividades ilegais fora das pistas. São conhecidos por "Santa Muerte" por rezarem para a Santa antes de fazer qualquer coisa ilegal. Eles acreditam que a Santa pode protegê-los. Eles se originaram no México e vieram para Chicago. Os Night Vipers participam de corridas há anos, aprimorando suas habilidades e conquistando seguidores leais de fãs que se deleitam com seu estilo audacioso.

    Por muito tempo, eles atuaram no México, e por causa disso, tive o privilégio de testemunhar em primeira mão alguns de seus feitos mais ousados. Lembro-me de uma corrida em que os Night Vipers enfrentaram uma equipe de talentosos novatos. A atmosfera estava carregada de expectativa quando a bandeira de largada caiu e os motores rugiram para a vida.

    Desde o início, ficou evidente que os Night Vipers não deveriam ser levados em consideração. Eles manobram através do grupo de carros com precisão e sutileza, deixando seus oponentes lutando para manter o controle do carro. E como resultado, os Night Vipers ganharam, como se os novatos não fossem absolutamente nada.

    — Tá bom, mãe — James diz com um sorriso. Quando Ashley cogita em xingá-lo, um som alto anuncia que está na hora de correr.

    — Vamos lá, gata, chegou a hora — Santiago diz segurando o ombro da garota. Nos dirigimos até a pista e Santiago deposita um beijo na têmpora de Ashley e sussurra algo em seu ouvido, a garota dá um sorrisinho e se vira para mim e James.

    — Primeiramente, apostem em mim e, segundamente, desejem sorte para esses babacas. — Em seguida, ela dá um beijo no teto de sua Lamborghini e Santiago abre a porta do carro para ela entrar. Assim que ela entra, Santiago fecha a porta e se posiciona ao nosso lado.

    Hyun Jung, conhecido como Hyun, é um homem alto e magro, com cabelos pretos e um olhar sedutor. Além de organizar as corridas, ele também é habilidoso como hacker.

Hyun se aproxima de nós com um sorriso provocador.

— Vão apostar na nossa gatinha? — ele pergunta de forma sedutora, referindo-se a Ashley.

— É óbvio que sim — é James quem responde.

Santiago, visivelmente incomodado com o comentário de Hyun, repete em tom desafiador:

— Perdão, "nossa gatinha"?

Hyun olha Santiago de cima a baixo, provocando-o ainda mais.

— Ciúmes, Salvatore? — diz ele com um sorriso malicioso. Antes que Santiago possa responder, Hyun avisa que a corrida está prestes a começar e desaparece no meio da multidão.

James decide mudar de assunto para acalmar a situação.

— Quem vai correr contra ela?

Santiago, ainda visivelmente irritado, responde entre dentes:

— Não faço ideia do nome, mas é apenas um garoto qualquer. — Sua raiva é palpável e fica evidente que ele está se segurando para não ir atrás de Hyun.

O locutor anuncia:

— Senhoras e senhores! Façam suas apostas, pois a corrida está prestes a começar!

Uma multidão se aglomera ao redor da pista, ansiosa pela competição. O garoto com quem Ashley vai correr se aproxima do carro dela e sussurra algo provocativo pela janela. Com um sorriso confiante, ele entra em seu próprio carro.

De repente, uma garota loira surge no centro da pista, vestindo roupas chamativas e segurando a bandeira de largada. Ela pergunta com entusiasmo se os competidores estão preparados. Ambos acenam com a cabeça, prontos para o desafio.

A tensão toma conta do ar enquanto a garota loira ergue a bandeira no alto. O coração de todos acelera em antecipação. Em um movimento ágil, ela abaixa a bandeira, marcando o início da corrida.

O Lamborghini verde do garoto sai rugindo, os pneus gritando no asfalto enquanto ele acelera ferozmente. A multidão aplaude e urra de emoção.

James olha para o carro de Ashley, que permanece imóvel na linha de partida. Ele se vira para mim e pergunta preocupado:

— Por que Ashley ainda não largou? Com um sorriso malicioso, respondo:

— Ela está dando 5 segundos de vantagem para ele.

Assim que as palavras deixam meus lábios, Ashley dispara como um raio. O motor do seu carro ruge com poder e determinação, cativando a atenção de todos ao seu redor. A multidão vai à loucura, aplaudindo e gritando seu nome.

Em questão de segundos, Ashley ultrapassa o garoto com uma facilidade impressionante, deixando-o para trás como se fosse um mero obstáculo. A destreza e habilidade dela são evidentes em cada curva e reta.

No entanto, o garoto não desiste facilmente. Em uma tentativa desesperada de recuperar a liderança, ele arrisca tudo em uma curva fechada. Seu carro derrapa perigosamente, colidindo com a porta de Ashley e causando um pequeno descontrole em seu veículo.

Mas Ashley é uma pilota experiente e habilidosa. Com maestria, ela recupera o controle do carro e assume novamente a liderança da corrida. Sua determinação é inabalável.

À medida que ela se aproxima da linha de chegada, a multidão explode em uma mistura de aplausos e gritos de apoio. Ouvimos alguém gritar com raiva:

— Toma, filho da puta, tentou trapacear e se fodeu!

Enquanto o garoto finalmente cruza a linha de chegada, a música volta a tocar, mas agora é acompanhada por uma sinfonia de xingamentos direcionados a ele. Ashley estaciona o carro com graciosidade e salta para fora, radiante de alegria e adrenalina. A multidão a cerca, aplaudindo e celebrando sua incrível vitória.

Ashley, com um sorriso confiante no rosto, caminha em direção ao seu carro. Ao seu lado, Santiago se aproxima e diz sedutoramente:

— Aceita uma dança, *mancare*[1]? — Ashley acena com a cabeça, entregando-nos as chaves do carro.

O tempo parece voar e logo chega a hora da segunda corrida. No entanto, Ashley ainda não apareceu e não temos ninguém para correr em seu lugar.

Eu grito para James acima do barulho da música e das conversas paralelas:

— Onde diabos a Ashley está? — gritei para James, devido ao volume da música e às conversas paralelas.

— Onde você acha? Ela provavelmente está se amassando com o Santiago em algum canto da festa.

— Mas, porra, ela precisa correr.

— Eu sei, Lilith!

— Então vai atrás dela! — ordenei a James. — Eu vou atrás de Hyun. Quem chegar primeiro corre. A chave vai estar escondida na roda do carro, ok?

Com um sorriso determinado no rosto, dei a volta na festa e segui em direção ao lugar onde costumava encontrar Hyun, ansiosa para achá-lo.

— Ai! — digo enquanto adentro a sala de Hyun.

— Do que precisa, gata? — Hyun fala com um sorrisinho de canto.

— Você viu onde Ashley se meteu? Ela precisa correr.

---

[1] *Mancare* = senhorita, em italiano.

— Já viu no carro do Santiago? Eles devem estar transando nele.

— Não, é óbvio que não — eu digo atropelando as palavras.

— Então é melhor você ir, porque se ninguém correr os Midnight Serpents perdem; entretanto, se vocês ganharem, irão competir contra a Santa Muerte.

Senti o peso dessas palavras afundando e saí correndo para me encontrar com James. A adrenalina correndo em minhas veias. O som de motores acelerando e o cheiro de borracha queimando enchiam o ar, envolvendo-me em uma nuvem de antecipação. Esta não era uma corrida qualquer; foi uma divisão, uma reunião ilegal que testou não apenas nossas habilidades ao volante, mas também nossa coragem de ultrapassar os limites.

Os Midnight Serpents, nossa gangue de desajustados unidos por nosso amor por velocidade e uma sede insaciável de adrenalina, esperavam por esse momento há semanas. Passamos inúmeras horas ajustando nossos motores, aperfeiçoando nossas manobras e planejando cada detalhe intrincado para garantir a vitória. O fracasso não era uma opção.

Os Midnight Serpents dividem-se da seguinte forma: Jake, com seu cabelo escuro rebelde e um sorriso diabólico, era nosso líder destemido, sempre levando os limites a novos patamares. Entretanto, ele quase nunca aparecia. Ashley, o cérebro por trás da operação, tinha talento para navegar pelos caminhos traiçoeiros à frente, seu foco inabalável na linha de chegada. E então havia Santiago, o gênio da mecânica que podia transformar um carro velho em uma máquina de corrida que rivalizava com qualquer carro esportivo de última geração.

— Achou ela? — pergunto desesperada, com medo de ter que correr alcoolizada.

— Não, ela sumiu — James me responde. Me deixando com ainda mais medo.

— Porra, então quem vai correr sou eu — digo me dirigindo ao carro e pegando as chaves. Apesar de estar com um pouco de medo, amo a sensação de adrenalina. Sem contar que ganhei notoriedade no México por ser uma ótima corredora.

Entro no carro e o ligo, vou até a linha de partida onde o outro carro já está à minha espera.

Olho para o lado para descobrir o próximo perdedor da noite. Mas para minha surpresa é Matthew, não é possível, esse garoto realmente me persegue. Ele me lança um sorrisinho de lado e acena com a mão.

A mesma garota da corrida anterior vai ao meio dos carros, ela nos pergunta se estamos preparados, nós acenamos com a cabeça. E com um movimento ela anuncia o início da corrida.

Não faço questão que ele tenha vantagem, largo junto com ele. Estou com sangue nos olhos. Eu estou transferindo toda a minha raiva por ele ao acelerador do carro, e quando me dou conta a Lamborghini vermelha de Matthew me ultrapassa.

— Filho da puta! — eu grito, mesmo sabendo que ele não vai me ouvir.

Eu piso ainda mais forte no acelerador; quando chego na primeira curva, não diminuo a velocidade, e por conta disso, perco o controle do carro e saio da pista; depois de um tempo consigo voltar, mas já é tarde demais, pois Matthew já cruzou a linha de chegada.

Estaciono o carro de Ashley perto da linha de chegada, saio do carro e Matthew vem falar comigo.

— Você está bem? Não se machucou quando saiu da pista? — ele diz com um tom de voz preocupado. Eu fico encarando-o por algum tempo sem dizer nada, então dou as costas ao homem alto.

Cogito em procurar James, mas mudo de ideia, e apenas pego minhas coisas e entro novamente no carro de Ashley, sentindo os olhos de Matthew em minhas costas.

(...)

Estaciono o carro de minha amiga ao lado do meu quando chego em casa.

Subo as escadas até meu quarto sem me preocupar com o barulho que estou causando. Entro em meu quarto e deixo minhas coisas em minha penteadeira e vou imediatamente tomar banho.

Estou com muita raiva de Matthew. Primeiro ele fuma perto da minha janela, me enche o saco no bar e depois me ganha em uma corrida? Eu o odeio. Ele me fez sentir-me pequena.

Essa foi a primeira vez que perdi uma corrida, se eu tivesse perdido para qualquer outra pessoa, talvez eu encarasse de uma forma melhor, mas por se tratar de Matthew eu estou me mordendo de raiva, e por isso choro, choro tanto que começo a soluçar. Quando saio do banho, coloco meu pijama e durmo como uma pedra.

Acordo com meu telefone tocando.

— Bom dia, meu bem! — Ashley diz quando atendo a ligação.

— Bom dia, o que você quer? São 7h40 da manhã, e é domingo! — eu reclamo enquanto coço meus olhos para afastar meu sono.

— Então, ontem eu voltei para casa com o Santiago. Você está com o meu carro?

— Sim, eu estou com ele. Mas eu estou bem! Estou com uma ressaca danada.

— Ok, mas e o meu carro?

— Ontem, como você tinha sumido, eu corri, e adivinha? Corri contra o desgraçado do meu vizinho, o nome dele é Matthew.

— Tá bom, amiga, mas e o meu carro? Pode trazer ele aqui em casa? Eu preciso dele.

— Nossa, eu estou com tanta raiva dele, você não tem nem ideia — eu continuo falando, ignorando Ashley. Estou nervosa para falar que bati seu precioso carro, ela ama aquele carro mais que tudo no mundo.

— Lilith, o que houve com meu carro? — a garota pergunta, e consigo perceber o tom de preocupação em sua voz.

— Então, eu corri, e acredita que perdi? E perdi muito feio ainda!

— Sério? Mas você é ótima correndo!

— Pois é, eu tive um problema. Eu fiz uma curva rápido demais, e acabei saindo da pista. Eu estava dirigindo feito uma vaca louca. Mas eu estou bem.

— Eu sei que você está bem, você já me disse isso, mas e meu carro? Ele está bem?

— Acho que tem que arrumar a suspensão. Ele está fazendo um barulho estranho, e seu carro parece que está andando rebolando — eu digo meio nervosa, mas meu nervosismo logo some, pois Ashley dá uma risada escandalosa do outro lado da linha.

— Rebolando? E como é o barulho? — ela pergunta. Então também dou risada, e brinco:

— Parece um cavalinho, toc toc... Toc toc... Toc toc... — eu imito o som de passos de cavalos, e a garota dá outra risada escandalosa.

— Acho que vou gastar muito, pois ele está rebolando e mancando. Nunca tinha visto um diagnóstico desses. E também, nunca havia visto uma vaca louca dirigindo, mas era óbvio que ia sair da pista — Ashley diz entre risos. Eu dou risada.

— Não se preocupe, eu pago o conserto, pois foi minha culpa — eu continuo, agora falando em um tom de voz sério.

— Não se preocupe você! É para isso que eu fico com Santiago — Ashley diz isso e ri. — Depois eu peço para ele buscar com um caminhão, beleza? Conversamos depois — ela continua.

— Beleza — eu concordo e desligo o telefone.

Fico aliviada por Ash não ter ligado por eu ter estragado o seu carro. Apesar de que eu já imaginava que ela não ligaria. Ashley Merli é filha do prefeito da cidade, e a mãe dela é uma advogada super bem-sucedida. E além dela ser modelo desde pequena, Ashley pode ter uma Lamborghini de cada cor, se quiser.

Após a conversa com Ashley, levantei-me da minha cama, e fui para a cozinha preparar o meu café da manhã.

Antes de cruzar a cozinha, dou uma olhada na sala, e encontro Lorenzo dormindo no sofá, obviamente ele está bêbado. Dou uma boa olhada em como estão as coisas e vou para a cozinha. Faço meu café da manhã e o como.

Subo as escadas indo em direção ao meu quarto para me arrumar, pois Santiago já deve estar chegando. Coloco uma camiseta de Arctic Monkeys e um shorts branco. Assim que eu estava acabando de me arrumar, ouço a campainha tocar. Desço as escadas apressadamente, e quando abro a porta, para minha surpresa não é Santiago.

— O que você está fazendo aqui? — eu pergunto claramente irritada.

— Bom dia para você também — Matthew me responde. O homem alto que está parado em frente à minha porta está usando uma camiseta verde com uma jaqueta da mesma cor com detalhes em branco e uma calça preta. Ele parecia o Lanterna Verde.

— O que você quer? — eu repito com ainda mais raiva.

— Como de costume, eu estava andando pelo bosque, mas meu cigarro acabou. Vim ver se você tem um para me dar — Matthew fala esboçando um sorriso.

— Vai se foder, seu filho da puta. Você sabe que eu não fumo.

— E como eu saberia disso? — Matthew fala olhando em meus olhos.

— Já ouviu falar em raciocínio lógico? — digo fechando a porta, mas ele interrompe com a mão.

— Sabia que é falta de educação fechar a porta na cara das pessoas? — Matthew fala, ainda segurando a porta.

— Eu não preciso de educação com você — respondo ríspida.

— É, eu percebi.

— Sério, o que você veio fazer aqui? — pergunto sem ânimo.

— Eu vim me desculpar com você, acho que nós começamos com o pé esquerdo.

— Ok... Então, tchau — digo fechando a porta na cara do homem. Quando estava indo em direção à escada, ouço a voz da última pessoa com quem queria falar.

— Com quem estava falando? — perguntou Lorenzo, ainda sentado no sofá. — Era mais um dos seus ficantes, não é?

— Acho que isso não é da sua conta, Lorenzo — digo seu nome com desprezo.

Lorenzo é o meu padrasto. Ele tentou atuar com o papel de pai, quando meu pai verdadeiro morreu. E, infelizmente, tenho que admitir que ele é nada menos que um pesadelo. Dói dizer isso, mas as ações de Lorenzo me levaram a acreditar que ele não é apenas um fardo para minha mãe, mas também um perigo para nossa família.

Um dos aspectos mais desanimadores do comportamento de Lorenzo é sua batalha contra o alcoolismo. É realmente devastador testemunhar alguém sucumbindo às garras do vício, observando como ele encharca todos os seus pensamentos e ações. Desde o momento em que acorda de manhã até que finalmente desmaia, a fixação de Lorenzo pelo álcool o consome.

Como resultado de seu vício, o dinheiro suado de minha mãe está sendo constantemente drenado.

O desejo insaciável de Lorenzo por álcool o leva a gastar cada centavo, deixando minha mãe e nossa família em permanente situação financeira difícil. Testemunhar o preço que isso custa à minha mãe, que trabalha incansavelmente como médica, é profundamente angustiante. Ela merece muito mais do que esse ciclo constante de dificuldades financeiras causado pelo comportamento imprudente de Lorenzo.

Mas não é só o aspecto financeiro que me preocupa. Quando Lorenzo bebe, ele fica violento.

Assim que entro em meu quarto, ouço a campainha tocar novamente, vou correndo até a porta e, antes de abri-la, eu digo:

— Seu filho da puta! Você não tem o que fazer não, seu desgraçado? — Mas quando abro a porta não vejo Matthew.

— Perdão, Santiago. Pensei que era outra pessoa — digo para o italiano que está à minha frente. Sinto minhas bochechas queimarem de vergonha. Eu não sei onde me enfiar agora.

— Tudo bem, Lili — Santiago diz rindo. — Pode me mostrar o carro?

— Claro! — Guio Santiago até a garagem. — Além dos amassados e arranhados, acho que o carro está com problema na suspensão.

— Tudo bem — Santiago diz enquanto se enfia embaixo do carro. Depois de um tempo, ele sai de baixo do carro e para ao meu lado. — Bem, Lilith, acho que não é nada de mais. Uma suspensão e rodas novas resolvem seu problema. Agora, você pode me dar as chaves, por favor? — Santiago continua.

— Claro! — respondo imediatamente, e vou correndo para meu quarto pegar as chaves. Volto e as entrego para Santiago, ele agradece com a cabeça, entra no carro e o liga. Ele dá a ré para sair da garagem e leva até a traseira do caminhão para poder colocá-lo na prancha. Então Santiago sai do carro e vem até mim.

— É mesmo! — ele diz trêmulo.

— É mesmo o quê? — digo assustada.

— Ele está mesmo fazendo toc toc e rebolandinho — Santiago diz isso e gargalha.

— Aquela fofoqueira! Ela não consegue mesmo guardar a língua na boca — eu digo, também rindo.

— Eu vou consertá-lo. Não se preocupe — Santiago diz, indo em direção ao carro novamente. Então ele o coloca na prancha e vem se despedir.

— Amanhã vou à sua oficina — aviso a Santiago, e nos despedimos.

Entro em casa e ouço minha mãe me chamar da sala. Assim que adentro o cômodo, meu olhar imediatamente se fixa em Lorenzo, esparramado de maneira casual no sofá. Em contraste, minha mãe está imóvel, posicionada no centro da sala.

Ela é uma mulher de beleza incontestável, ostentando sua herança britânica com orgulho. Seus cabelos curtos ruivos adicionam um toque de vivacidade à sua aparência. No entanto, quando meu pai faleceu, minha mãe casou-se com Lorenzo, transformando-se em uma mulher totalmente diferente. Agora, ela demonstra ser fria e tediosa, nem ao menos demonstrando preocupação com o fato de Lorenzo dissipar todas as nossas economias.

— De quem era aquele carro? — minha mãe pergunta, e consigo perceber a preocupação e raiva misturadas em sua voz.

— De Ashley — eu digo ríspida.

— Você conseguiu estragar uma *Lamborghini* que nem é sua?! Parabéns — Lorenzo fala se intrometendo na conversa, e dando ênfase em "Lamborghini".

— Primeiramente, quem é você para falar qualquer coisa? Você vive bêbado — eu digo em tom de deboche.

— Não interfira, Lorenzo. Como estragou o carro? O que houve? — agora quem fala é minha mãe.

— Nós estávamos em uma corrida, acabei perdendo o controle e bati o carro. Foi isso que aconteceu, e nenhum dos dois tem algo a ver com isso.

— Lilith, você bateu o carro! Que irresponsabilidade! Você poderia ter se machucado — minha mãe diz irritada.

— E quem vai pagar pelo conserto? — Lorenzo diz, pouco interessado no assunto.

— Eu vou resolver isso — digo passando a mão pela minha testa.

— Lilith, eu pensei que depois de termos nos mudado você pararia com essas corridas — minha mãe diz de forma manhosa.

— Como você vai resolver isso, Lilith? — Lorenzo diz se intrometendo novamente. Sinto uma repulsa enorme quando Lorenzo diz meu nome.

— Isso não é da sua conta, Lorenzo.

— Já disse para você não interferir, Lorenzo. Lilith, eu apenas quero te ver segura. Você acha que seu pai iria gostar de te ver colocando sua vida em risco dessa maneira? — minha mãe fala com lágrimas em seus olhos.

— Você não tem o direito de falar do meu pai. Não depois que se casou com esse homem — eu grito, apontando para Lorenzo.

— Apenas prometa-me que vai parar com as corridas. Eu não quero perder mais ninguém que amo, Lilith.

— Não vou parar. As corridas fazem com que eu me sinta viva — eu digo seca. Quem ela pensa que é para me pedir para parar com as corridas?

Eu fico com tanta raiva de minha mãe que dou as costas a ela e vou correndo para fora da casa.

Vou em direção ao Éden, já que sempre quis ver como ele é.

Primeiro meu pai morre, depois eu me mudo do México, minha mãe se casa com Lorenzo, e agora ela está me pedindo para parar de correr.

Minha mãe costumava ser uma mulher tão gentil e compassiva, sempre disponível para me ajudar. Mas desde que se casou com Lorenzo, notei uma mudança nela. Ela se tornou distante e retraída, como uma casca de seu antigo eu. É como se ela estivesse escondendo alguma coisa, mas não consigo identificar o que é.

Ao entrar nos arredores do Éden, uma sensação de tranquilidade toma conta de mim. A densa folhagem me envolve, protegendo-me do mundo exterior. Encontro consolo no farfalhar das folhas e nos sussurros suaves do vento. Este bosque sempre teve um fascínio misterioso, sussurros de segredos antigos e maravilhas ocultas.

Minhas lágrimas obscurecem minha visão enquanto eu entro mais fundo no Éden, procurando um lugar onde eu possa ficar sozinha com meus pensamentos. O peso das minhas emoções parece insuportável, ameaçando me sufocar.

Eu desabo em uma rocha coberta de musgo, sentindo o frescor penetrar em minhas roupas, me prendendo neste momento de vulnerabilidade.

Enquanto solto um soluço, sinto algo roçando meu ombro. Olho para ver quem é, e surpreendo-me.

Era Matthew.

Matthew fica parado, a preocupação estampada em seu rosto. Seus olhos castanhos carregam uma mistura de compaixão e curiosidade. Eu rapidamente enxugo minhas lágrimas, envergonhada por ter sido pega em um estado tão vulnerável.

— Você está bem? — ele pergunta suavemente, sua voz cheia de preocupação genuína. Eu aceno com a cabeça hesitantemente, não confiando na minha voz para responder.

Matthew se senta ao meu lado na rocha coberta de musgo, sua presença traz uma sensação de conforto em meio ao meu tumulto. É estranho como às vezes é mais fácil confiar em alguém inesperado, como um vizinho com quem você mal trocou algumas palavras, que nem ao menos foi educadamente.

— Eu notei você correndo para a floresta, e algo me disse que eu deveria te seguir — ele diz gentilmente, como se tivesse que se justificar. — Há algo que eu possa fazer? — ele continua, genuinamente.

Suas palavras desencadeiam uma nova onda de emoções, e me vejo chorando ainda mais.

O peso das minhas emoções parece uma âncora, arrastando-me para um mar de desespero. Cada respiração parece difícil, como se todo o peso do mundo estivesse esmagando meu peito.

Eu viro minha cabeça para ver Matthew, ele está com uma expressão gentil e compreensiva em seu rosto. Sem dizer uma palavra, ele envolve seus braços em volta de mim, puxando-me para um abraço caloroso e reconfortante.

Naquele momento, seu toque parece uma tábua de salvação que oferece consolo e apoio em meio à tempestade de emoções que me assola por dentro.

O peso do meu desespero começa a diminuir quando estou me rendendo ao abraço reconfortante, permitindo que sua presença forneça uma trégua muito necessária.

O gesto compassivo de Matthew fala muito, transmitindo uma sensação de empatia e compreensão que nunca esperei encontrar nele. É como se ele tivesse desbloqueado um reservatório oculto de compaixão dentro de si, estendendo a mão para mim em minha hora mais sombria.

Seu simples ato de oferecer um abraço fala mais alto do que qualquer palavra, lembrando-me de que não estou sozinha em minha dor. Depois de um tempo, a calmaria finalmente se instala em mim.

— Você está bem, ruiva? Quer falar sobre isso? — ele diz afastando-se apenas o bastante para me olhar.

— Não é como se você se importasse — digo com um tom de deboche.

— Bem, tem uma pessoa chorando dentro do bosque que pertence à minha família. Acho que me importo sim — ele responde, tentando trazer um pouco de humor à conversa, o que não dá certo.

— Não sei se importaria. Além de eu não confiar em você — digo enxugando minhas lágrimas.

— Bem, então vamos falar em outra coisa. Você corre bem, sabia? — Matthew diz mudando de assunto para me deixar melhor, o que novamente não dá muito certo, porque me lembra mais ainda da discussão.

— Obrigada. Você também corre bem — digo tentando ser legal. — Já está anoitecendo, eu preciso ir — digo me despedindo enquanto me levanto da pedra em que estava sentada.

Ao chegar em casa, tomo banho e me preparo para dormir. Esperando que amanhã fosse um dia melhor.

Ao acordar já sabia que não seria um dia melhor.

Eram 6h30 da manhã quando acordei com um estrondo. Espio pela porta do meu quarto, e vejo Lorenzo gritando com a minha mãe; ela estava com sangue saindo do nariz e um corte fino no canto da boca.

Fecho lentamente a porta para que não faça barulho, e me encosto nela.

Enquanto eu estava ali, encostada na porta do quarto, meu coração afundou com uma mistura de medo, raiva e desamparo.

Não era a primeira vez que testemunhava as explosões violentas de Lorenzo contra a minha mãe, mas toda vez que acontecia, era como se uma ferida fosse reaberta.

A visão de minha mãe com sangue escorrendo pelo rosto me encheu de um desejo ardente de protegê-la, protegê--la desse monstro, que de alguma forma havia invadido as nossas vidas.

Mas, por mais que eu quisesse interferir, sabia que abordá-los naquele momento só pioraria ainda mais a situação. Eu já tinha visto isso acontecer antes. Quanto mais alguém confrontava Lorenzo, mais violento ele se tornava. Então, tomei a difícil decisão de recuar e começar a me arrumar para o colégio.

Enquanto eu tentava organizar meu pensamentos e me recompor, os sons de suas discussões vazaram pelas paredes. O tom da voz de Lorenzo era venenoso, pingando de uma raiva inflexível.

— Precisamos vender o carro dela! Favorece nós dois. Ela não corre e nós não temos dinheiro — disse o homem, claramente irritado.

— Teremos que conversar com ela, mas duvido que ela queira vender — minha mãe disse calmamente.

Ótimo, agora eles querem vender meu carro.

Desço as escadas e os encontro na sala, passo reto e pego as chaves do meu carro, saindo de casa e indo para a escola.

Ao chegar lá, estaciono ao lado do carro de James e vou direto para o meu armário, onde Ashley já me esperava.

— Adivinha! — ela fala claramente animada. Não que isso seja uma novidade. — Temos uma festa para ir no final de semana, e ela é à fantasia! — ela continua.

— Você consegue ficar um final de semana sem ir a uma festa? — pergunto ironicamente.

— Na verdade, não. Mas ela é à fantasia! E eu já escolhi, vou de Medusa — ela diz com mais ânimo ainda.

— E aí, meninas. Não sei se vocês lembram, mas nós temos aula. — James aparece do nada e vamos para a aula.

A aula passou rápido e ao chegar em casa encontrei minha mãe no sofá.

— Oi, filha, podemos conversar? — ela me pergunta receosa com a minha resposta.

— Claro — respondo deixando a mochila no chão e me sentando na poltrona à sua frente.

— Bem, eu e o seu padrasto pensamos que seria melhor vender o seu carro, mas para isso precisamos que você concorde, ok? — ela pergunta esperançosa com a minha resposta.

— Não concordo. Nós sabemos que o dinheiro que está faltando é culpa do Lorenzo. Ele que ache um trabalho — respondo com raiva. — Não vou arcar com as consequências dos erros dele — continuo enquanto pego a minha mochila e subo até o meu quarto.

Meu coração se afundou quando minha mãe mencionou a venda do carro. Havia sido um presente do meu pai no meu aniversário de 15 anos, é por isso que ele tem um valor sentimental tão grande para mim. Ela não pode imaginar que eu possa me separar dele tão facilmente.

Entrei em meu quarto e fechei a porta com mais força que o necessário, uma mistura de emoções me dominou. Raiva, frustração e um sentimento de injustiça.

Eu não podia deixar de sentir que minha mãe e o seu marido estavam injustamente colocando o fardo sobre mim pela falta de responsabilidade de Lorenzo.

(...)

A semana passou rápido, e já era sexta-feira. O dia mais esperado da semana para mim. Dia da excursão escolar ao Museum of Contemporary Art, lugar a que tínhamos acabado de chegar.

— Finalmente! — eu disse, começando uma conversa animada com James e Ashley. Isso até vermos o outro ônibus que havia chegado, que estacionou logo atrás do nosso e de dentro do qual desceu o bendito do Matthew.

— Nem fodendo — falei para mim mesma.

— Aquele não é seu vizinho? — perguntou James apontando discretamente para ele.

— Se for, ele está acompanhado — complementou Ashley dando risada e apontando para uma garota loira que usava uma roupa extremamente curta em rosa-choque e se esfregava no meu vizinho. Mesmo de longe era claro que ele estava desconfortável tentando se livrar dela. Junto dele tinha mais dois garotos.

— Atenção, alunos, vamos entrar no museu, não se separem, por favor — disse a professora chamando a atenção de todos, e entramos no museu.

Dentro, com certeza era maior do que eu lembrava. A última e primeira vez que tinha ido visitar o local havia sido com o meu pai quando eu era pequena, por isso tinha valor sentimental. A professora nos chamou e fomos começar a excursão. Chegamos em uma sala, e eu percebi algo.

— Ash, acho que esqueci meu celular na sala anterior. Já volto, tá? — avisei ela em um tom baixo para não atrapalhar a apresentação do guia.

— Quer que eu vá junto? — Ashley se ofereceu.

— Não precisa. Vai ser rápido — avisei, indo em direção à porta da sala. Ao chegar na sala anterior comecei a procurar o meu telefone.

— Procurando por isso? — Eu nem precisava me virar para saber que era Matthew.

Ao me virar, vi ele com o meu celular nas mãos, então fui andando até lá, tentando pegá-lo das mãos dele. No entanto, o rapaz levantou a mão com o celular, impedindo que eu o alcançasse.

— Matthew, devolva o meu telefone! — eu dei um grito histérico. Meu coração disparou enquanto eu observava Matthew sorrir maliciosamente. Ficou claro que ele gostava do poder que tinha sobre mim naquele momento.

— Venha aqui pegar — Matthew disse chacoalhando o aparelho. — Se você quiser seu telefone de volta, vai ter um preço — disse o garoto com um sorriso malicioso.

— E qual vai ser esse preço? — perguntei com raiva.

— Um beijo — ele disse esperançoso.

— Nem que me pagassem eu beijaria você — eu disse ainda tentando pegar o meu celular, quando ouvi uma voz desconhecida. Ao me virar vi a garota que estava com Matthew hoje mais cedo.

— Eu posso saber o que está acontecendo aqui? — disse a garota loira.

Era notório que a garota tinha uma obsessão doentia por Matthew. Ela estava vindo em nossa direção com uma intensa determinação em seus olhos. Seu cabelo longo e esvoaçante balançava a cada passo que ela dava. Não era segredo que ela o perseguia incansavelmente, mas esta foi a primeira vez que vi sua obsessão em primeira mão.

— Matt, eu posso saber o que você está fazendo com essa... Garota mexicana... — a garota loira disse com desprezo.

Ao crescer, enfrentei inúmeros casos de discriminação e estereótipos devido à minha herança mexicana. A combinação de meu cabelo ruivo ardente e minha origem mexicana parecia confundir e deixar muitas pessoas perplexas, levando a suposições prejudiciais e noções preconcebidas.

Quando eu era pequena, lembro-me vividamente das constantes provocações e xingamentos dos meus colegas na escola. Eles me provocavam com comentários depreciativos, muitas vezes usando calúnias raciais que doíam profundamente em meu coração.

Era como se minha aparência física e identidade cultural fossem incongruentes, fazendo com que outros questionassem minha legitimidade como mexicana.

Embora eu tenha abraçado com orgulho minha dupla herança, parecia difícil para os outros aceitar que alguém de cabelo ruivo também pudesse ser mexicano.

Felizmente, encontrei consolo em minha família e amigos próximos como Ashley e James, que me compreenderam e me apoiaram incondicionalmente. Eles me lembraram que minha identidade era complexa e bonita, e que não era limitada pela estreiteza de outras pessoas.

À medida que cresci, percebi que o preconceito e a discriminação não se limitavam às minhas experiências pessoais. O mundo está repleto de estereótipos e preconceitos, muitas vezes perpetuados pela mídia e pelas redes sociais. Esses estereótipos podem ser prejudiciais, pois limitam a compreensão e a valorização das diversas culturas e identidades individuais pelas pessoas.

— Ela tem um nome, Briana — Matthew diz com um tom de... Raiva?

— Como se você ligasse, não é, Matt? — ela disse me olhando com desprezo.

— Olha, já que você está querendo falar de estereótipos, não me surpreende que você seja burra — disse para ela com raiva.

— O que você disse, garota? — a tal de Briana me pergunta, com sangue nos olhos.

— Nada não — eu disse enquanto me retirava da sala.

CAPÍTULO 3

Eram 6 da tarde, começava a anoitecer e eu estava pronta para meu plano.

Entraria no quarto de Matthew e pegaria meu celular de volta, sem que ele soubesse que eu estava lá. Nesse horário, Matthew costumava treinar basquete, então era o momento perfeito para ir.

O bosque estava mais sombrio do que o normal devido à falta de iluminação. Ao chegar na parede que levava à janela de Matthew, percebi que seria mais difícil do que eu esperava. A janela ficava a três metros do chão e a parede, feita de tijolos e plantas presas, seria fácil de escalar. O problema era a altura e o chão cheio de pedras, que poderiam causar machucados sérios se eu caísse.

Ao começar a escalar, me arrependia cada vez mais, mas não iria desistir agora.

— Merda! — eu disse quando meu pé escorregou. Ao olhar para cima, percebi que o próximo apoio seria a janela. Suspirei ao ver que estava quase lá.

Quando finalmente cheguei no destino, sentei na borda da janela para recuperar o fôlego.

Ao entrar no quarto, agradeci internamente por a porta estar fechada e comecei a procurar meu celular.

Varri o quarto com os olhos. Era enorme comparado ao meu, com três portas: uma aberta para o closet, outra que provavelmente era o banheiro e a terceira que levava à casa. Em uma das paredes pintada de cinza, havia três guitarras penduradas ao lado da porta, uma minicesta de basquete e, em frente, uma cama enorme com duas mesas de cabeceira.

Ao começar a procurar, fui olhar as gavetas da mesa. A segunda gaveta me surpreendeu, pois estava cheia de preservativos de todos os tipos e outras coisas, como vibradores. Foi constrangedor, mas meu celular não estava lá. Olhei na escrivaninha, mas também não encontrei.

Quando estava prestes a abrir outra gaveta, ouvi uma porta destrancar. O esconderijo mais próximo era o closet, então me tranquei lá e fui para trás. Ao sentir uma caixa, olhei dentro e vi meu celular. Senti um alívio instantâneo, mas tudo mudou quando a porta do closet se abriu.

Matthew estava lá, apenas com uma toalha enrolada na cintura.

— O que diabos você está fazendo aqui? — ele disse assustado.

— O que você está fazendo aqui? Você deveria estar no seu treino de basquete — digo tentando focar seu rosto, mas céus, que corpo!

— Está me perseguindo agora, ruiva? — Matthew disse com um sorriso malicioso.

— Olha, eu apenas vim buscar o que é meu — disse enquanto saía do closet.

— Aí! — Matthew me chama, e eu olho em sua direção. — Como você sabe dos meus treinos de basquete, ruiva? — o garoto fala com um sorriso de canto.

Ele parece estar se divertindo com isso. Sinto minhas bochechas queimarem e corto o contato visual, olhando para meu telefone.

— Porra! — eu exclamo. Tem cinco chamadas perdidas de Ashley e, no total, 14 mensagens de James e Ashley. Olha, foi um prazer conversar com você, mas eu tenho mesmo que ir — eu digo indo em direção à janela.

A descida não foi tão ruim quanto eu esperava. Ao chegar no solo, não havia nenhum arranhão, graças a Deus. No entanto, as mensagens de Ashley não trouxeram tanto alívio assim.

Ash <3

Amiga, você está bem? Você parecia triste hoje mais cedo. Me responda, por favor. Estou começando a ficar preocupada, Liliu!

Ótimo! Virou o James para me ignorar. Ok, agora você não responde.

Você já decidiu a sua fantasia para amanhã? Sabe, vc ia ficar uma gata de vampira.

Se quiser, posso te emprestar a fantasia de vampiro que eu tenho aqui em casa! Lili!! Me respondeeeeee

Tá, já entendi! Você não quer conversar.

Não vou ficar igual sonsa esperando a sua boa vontade para me responder.

James <3

Lili, você parecia meio mal hoje, você está bem? Se quiser conversar, saiba que eu estou aqui.

Por favor, responda à Ashley, ela não para de reclamar comigo.

Antes de eu ao menos cogitar em responder às mensagens de meus amigos, meu celular toca, e vejo que é Santiago. Por que diabos o Santiago está me ligando?

— Oi, querida Lilith! Sabe, semana passada quando eu estive aí, você me disse o seguinte: "amanhã eu vou à sua oficina". E adivinha? Você não apareceu! — Santiago disse assim que atendi a ligação.

— Meu Deus! Mil desculpas, Santiago. Estava com muita coisa na cabeça, e acabei esquecendo de ir à sua oficina buscar o carro de Ashley.

— Tudo bem. Você pode vir buscá-lo amanhã? De preferência, sem falta.

— Claro, consigo sim! Amanhã eu vou estar aí sem falta, prometo!

— Se você não aparecer, eu vou te caçar — Santiago diz isso e desliga o telefone.

Quando olhei para o meu telefone e vi a notificação de um número desconhecido, minha curiosidade levou a melhor sobre mim. Eu franzi minhas sobrancelhas, imaginando quem poderia estar me mandando mensagens de um contato desconhecido.

Com um misto de confusão e cautela, abri a mensagem, sem saber o que encontraria. Eu esperava que fosse algum estranho aleatório, ou pior, um perseguidor assustador. Mas assim que comecei a ler a mensagem, percebi que era de ninguém menos que Matthew. Eu odeio esse garoto com todas as fibras do meu ser. Apesar de ainda estar morrendo de vergonha pelo ocorrido de agora há pouco, eu ainda o desprezo mais do que tudo nesse mundo.

Eu ainda não consegui entender como ele conseguiu o meu número, considerando o fato de que eu nunca o compartilhei com ele.

Foi incrivelmente frustrante pensar que ele havia encontrado uma maneira de invadir a minha privacidade mais uma vez. Parecia que ele estava sempre encontrando novas maneiras de me irritar e constantemente testando os limites da minha paciência.

Com um misto de curiosidade e apreensão, li a mensagem. Foi curto e direto ao ponto, assim como o próprio Matthew. Ele estava se desculpando por ter esquecido de me devolver meu telefone, explicou que se distraiu com Briana e acabou levando-o para casa sem querer. Na tentativa de corrigir o seu erro, ele havia adicionado o meu número em seu telefone, esperando que possamos ser amigos.

Sério? Eu e Matthew, amigos? Nem morta eu seria amiga desse babaca.

Enquanto eu olhava meu telefone, pensando se deveria ou não responder, um milhão de pensamentos passaram pela minha mente. Além de eu não conseguir afastar a sensação de mal-estar que se instalou em meu estômago.

A dúvida atormentava a minha mente, enquanto eu ainda tentava entender a situação. Era possível que Matthew tivesse conseguido minha senha de alguma forma. Ele poderia ter contratado um hacker particular, como eu suspeitava? Com sua vasta riqueza e conexões, certamente não estava além de seu orçamento.

Entretanto, eu não desperdiçaria meu tempo com ele. Fui em direção ao banheiro para tomar banho e me preparar para dormir.

(...)

Era um novo dia e eu tinha a missão de buscar o carro de Ashley na oficina de Santiago. Levantei-me da cama, espregui-cei-me e me preparei para enfrentar o dia que se anunciava.

Enquanto me arrumava, lembrei-me que não havia respondido a Ashley. Droga, ela provavelmente está furiosa comigo.

Tomei um café rápido e peguei as chaves do carro, pronta para enfrentar o trânsito matinal.

Enquanto dirigia em direção à oficina, aproveitei para apreciar a paisagem da cidade ainda adormecida. As ruas estavam tranquilas, com poucos carros circulando e o sol começava a surgir no horizonte, pintando o céu de tons alaranjados.

Cheguei à oficina de Santiago e fui recebida com um sorriso caloroso. Ele parecia animado em me ajudar, como sempre. Era reconfortante saber que tinha alguém tão dedicado e apaixonado pelo seu trabalho ao meu lado.

Santiago era um mestre na arte da mecânica. Sua oficina é organizada e limpa. Todas as peças e ferramentas têm o seu lugar.

— Bom dia, querida! Como você está? — Santiago disse com um sorriso de orelha a orelha. — E onde está a Ashley? — ele continuou, enquanto procurava a garota com os olhos.

— Apenas eu hoje, Salvatore — eu disse, sorrindo ao constatar que Santiago e Ash são apaixonados um pelo outro, entretanto ambos têm um ego tão grande que não conseguem admitir o amor que sentem um pelo outro.

— Quanto eu te devo? E, como estou sozinha, você pode levar meu carro para minha casa, por favor? — eu continuo, já que deixei Santiago envergonhado.

Ele me diz o valor que ficou o conserto do carro, me assusto com o preço, mas faço uma transferência para o homem. Nós trocamos de chaves, ele me dá a chave da Lamborghini de Ashley, e eu dou a chave de minha Ferrari.

— Obrigado, Lili. E na próxima corrida, por favor, tenha cuidado. Você podia ter se machucado feio.

— Com certeza, Salvatore. O que aconteceu naquele dia jamais se repetirá — respondo com seriedade.

Enquanto reflito sobre aquele dia fatídico, ainda posso sentir a dor da derrota em meus ossos. A memória está gravada em minha mente, um lembrete constante de que até mesmo os pilotos mais habilidosos podem ser superados.

Foi uma experiência humilhante, que me deixou determinada a superar esse revés e voltar mais forte do que nunca.

Chegar a Chicago foi um novo capítulo emocionante em minha vida.

As vibrantes ruas da cidade ofereciam um desafio único, cheio de voltas e reviravoltas que exigiam habilidade e precisão.

Todos que estavam no racha já tinham ouvido falar de minha reputação imbatível no México, e sua ânsia de testemunhar minhas proezas apenas aumentou minha confiança ainda mais.

Quando entrei na Lamborghini roxa de Ashley, a multidão foi à loucura e ouvi gritos do tipo: "Porra! É a Lilith! Ela nunca perdeu uma corrida na vida, ela com certeza vai arrebentar!". Ou seja, a corrida havia sido muito aguardada, com multidões se reunindo para testemunhar o que supunham que seria outra vitória gloriosa para mim. A atmosfera era elétrica, pulsando com excitação e antecipação. Enquanto estava na linha de partida, pude sentir o peso das expectativas de todos sobre meus ombros. Mas, às vezes, até os pilotos mais experientes podem vacilar.

Entro no carro de Ashley e me despeço de Santiago.

Depois de um tempo, finalmente chego em frente à casa de Ashley; então respirei fundo antes de sair do carro. Eu sabia que teria que enfrentar a sua raiva e explicar o motivo pelo qual fiquei incomunicável durante o dia todo. Mas, apesar de tudo, eu tinha certeza de que ela entenderia.

Caminhei até a porta e toquei a campainha, nervosa com o que estava por vir. Demorou um tempo até o pai de Ashley atender a porta.

— Bom dia, Lilith! — ele diz com um sorriso caloroso. — Pode ficar à vontade, Ash está no quarto — o homem diz abrindo espaço para que eu possa entrar.

— Obrigada! — eu digo com um sorriso de canto.

— Você poderia avisar à minha filha que estou indo trabalhar? — ele diz enquanto sai pela porta.

— É claro! — eu digo enquanto subo as escadas. Cheguei até o quarto de Ashley e bati em sua porta.

Finalmente, a porta se abriu e lá estava ela, com uma expressão de misto de alívio e irritação no rosto. Ela me deu espaço para entrar em seu quarto e seus cachorros pularam em mim assim que entrei.

Ashley tem dois Dobermans, um chamado Serial e o outro, Killer.

— Finalmente! Onde você estava o dia todo? Tentei te ligar e mandei várias mensagens, mas você não respondeu a nenhuma delas — ela disse, com um tom de voz firme.

Eu respirei fundo novamente, tentando encontrar as palavras certas para explicar a situação.

— Desculpe, Ashley, eu sei que foi errado não ter dado sinal de vida durante todo o dia de ontem, mas eu posso explicar tudo! Sente-se.

Ela se senta na cama, e eu explico tudo o que aconteceu. Quando termino de contar a história toda, Ashley apenas murmura um "Caramba!".

— Tá bom, vocês realmente têm uma tensão, mas vamos parar de falar de você e vamos falar sobre mim. Ou melhor, o que falam de mim — ela diz mudando de assunto. — O Santiago perguntou de mim? — ela continuou, esperançosa.

— Sim, mas ele só perguntou se você tinha ido — eu disse, acabando com seu ânimo.

— Tá, tá. Agora nós temos que nos arrumar porque nós temos uma festa para ir — ela diz mudando de assunto, com um sorriso amarelo, tentando se manter animada, entretanto era nítido que ela estava chateada.

— Ok, vamos ver qual é a sua fantasia para mim — digo tentando deixá-la animada.

— Tá, mas eu mudei tudo. Eu vou de Medusa e você de Cleópatra — ela diz recuperando o ânimo.

Concordei com a cabeça e começamos a nos arrumar.

Ashley estava aguardando por essa festa há semanas, ela estava muito ansiosa, e me senti mal por tê-la deixado chateada.

— Nossas fantasias vão ser as mais chamativas daquela festa! — Ashley disse dando um pulinho de alegria.

Enquanto juntamos nossas maquiagens e acessórios, não posso deixar de sentir uma onda de ansiedade e empolgação correndo em minhas veias.

Olho para Ashley, e a vejo aplicando meticulosamente seu delineador preto para criar um visual cativante e intenso para sua fantasia de Medusa.

Sua tatuagem, uma cobra hipnotizante enrolada em seu braço esquerdo, completando perfeitamente o seu personagem. Os detalhes de seu traje são a prova de sua dedicação e amor por todas as coisas místicas.

Enquanto isso, eu estava me preparando para virar a Cleópatra, a icônica rainha egípcia. Coloco cuidadosamente um vestido de seda azul e dourado vibrante sobre meu corpo, me sentindo instantaneamente poderosa. Minha maquiagem consiste em delineador alado dramático, sombra brilhante e um lábio vermelho que exala confiança e sedução. O toque final é um cocar adornado com joias cintilantes, dando um ar de elegância ao meu conjunto.

Enquanto ajudamos uma à outra com os preparativos finais, a empolgação do quarto é palpável. As fantasias que Ashley escolheu para nós refletem as nossas personalidades e interesses.

Quando terminamos de nos arrumar e saímos da luxuosa casa de Ashley, não pude deixar de sentir uma onda de excitação percorrendo meu corpo.

A expectativa da noite que se aproxima é palpável e mal posso esperar para mergulhar na atmosfera vibrante da festa à fantasia.

Seguimos em direção ao cobiçado Lamborghini de Ashley, seu exterior lustroso brilhando sob as luzes da rua. O ronronar suave do motor envia um arrepio pela minha espinha, e não posso deixar de me maravilhar com a opulência que me cerca.

Enquanto Ashley acelera pelas ruas da cidade, com o vento soprando em meus cabelos, tenho uma sensação de libertação. As luzes vibrantes da cidade se misturam em um caleidoscópio de cores, preparando o cenário para a noite inesquecível que nos espera.

À medida que nos aproximamos do local, o burburinho de excitação fica mais forte. A fila de carros do lado de fora da festa se estende pelo quarteirão, cada um mais extravagante que o anterior.

Assim que nós entramos na festa, nos encontramos com James e Santiago, que já estavam lá.

James apostou em sua fantasia em transformar-se no Homem-Aranha. Santiago, por outro lado, optou por um traje mais misterioso. Ele estava vestido com um elegante terno preto, parecendo um arrojado agente secreto saído de um filme de James Bond. Seu sorriso encantador revelava uma pitada de entusiasmo ao nos cumprimentar.

Enquanto nos misturamos com os outros convidados, risos e música encheram o ar. O local foi transformado em um paraíso de imaginação e criatividade, com cada convidado incorporando seu personagem escolhido com cuidado. A sala foi adornada com luzes cintilantes e decorações caprichosas, transportando-nos para um mundo mágico.

Ashley me pediu para pegar uma bebida, e no caminho de volta, me encontro com Matthew com seus amigos.

Não pude deixar de revirar os olhos quando o avistei e ao seu desagradável grupo de amigos. Eles estavam todos vestidos com vários trajes, tentando ao máximo superar uns aos outros. Matthew, é claro, teve que se vestir como deus grego, seu físico esculpido acentuado pelas vestes brancas esvoaçantes e coroa de louros dourada adornando sua cabeça. Típico.

Detesto ter que dizer isso, mas Matthew realmente se destaca dos demais.

Sempre achei a arrogância de Matthew repulsiva. Ele parecia ter essa necessidade interminável de ser o centro das atenções, e isso só alimenta minha antipatia por ele. Mas hoje à noite, nesta festa à fantasia, eu não conseguia escapar dele.

Enquanto eu voltava para pegar uma bebida, Matthew me viu do outro lado da sala. Seus olhos se iluminaram e um sorriso presunçoso se espalhou por seu rosto. Ótimo, exatamente o que eu precisava — a atenção dele. Tentei evitar o contato visual e rapidamente desviei o olhar, fingindo não notá-lo.

Mas era tarde demais. Matthew e seus amigos já estavam vindo em minha direção, suas gargalhadas ecoando pela sala. Senti uma onda de aborrecimento tomar conta de mim.

Enquanto eles se aproximavam, senti meu coração acelerar. Eu não queria ter que lidar com ele e seu ego inflado. Rapidamente, peguei minha bebida e tentei me misturar à multidão, esperando passar despercebida. Mas, infelizmente, Matthew tinha outros planos. Ele se aproximou de mim, seu sorriso ainda mais arrogante do que antes. Essa com certeza é apenas mais uma de suas táticas sorrateiras para me irritar.

— Olá, ruiva, bom te ver na festa — disse ele, sua voz cheia de presunção. — Parece que nossos destinos estão entrelaçados nesta noite — ele continua. Revirei os olhos e tentei manter a compostura.

— Não acredito em destino, Matthew. Apenas uma coincidência infeliz. — Ele riu, e seus amigos acompanharam o riso.

— Acho que você está tentando resistir à nossa conexão inevitável. Mas não se preocupe, eu vou fazer você mudar de ideia em breve, querida.

— E como pretende fazer isso? Me beijando? Sinto muito em te decepcionar. Mas não! — respondo com desprezo.

— Depois do beijo, pode apostar que você vai querer muito mais — ele sussurra próximo à minha orelha, e instantaneamente sinto um arrepio percorrer minha espinha. No entanto, não me permitirei ser provocada por Matthew. Odeio-o intensamente e nada nem ninguém no mundo conseguirá mudar isso.

— Sinto em informá-lo, mas você não será a minha tentação essa noite. Já tenho outros planos — eu digo, piscando para um dos seus amigos, e saindo.

O garoto não era alto nem baixo, era moreno e bonito, mas não tão bonito como Matthew. Droga, tenho que parar de usá-lo como referência de beleza. O garoto estava usando um elegante terno preto, com uma capa longa e gola alta, além de uma camisa branca com babados. E, completando seu traje, ele usava uma maquiagem pálida, dentes de vampiro e um olhar misterioso.

Essa fantasia icônica de vampiro adicionava um toque sombrio e enigmático ao desconhecido.

Ao encontrar Ashley, vou até ela e entrego a bebida. No entanto, ela não me dá atenção, pois está ocupada conversando com Santiago. Ela apenas murmurou um "obrigada". Como todos estão ocupados, decido ir para a pista de dança.

Enquanto estou curtindo a música, sinto um cutuco no meu ombro. Ao me virar, vejo que é o amigo de Matthew.

— Oi, desculpa incomodar, me chamo Thomas — ele diz em um tom mais alto devido à música e com sorriso estampado em seu rosto.

— Prazer, me chamo Lilith — respondo.

— Me desculpe pela atitude de Matthew. Ele anda meio estressado, a Brianna estragou os planos dele no dia da excursão — ele diz apontando para o amigo, que nos olha claramente irritado. Ciúmes, cariño?

— Sem problemas. Bem, eu já vou indo. Foi um prazer te conhecer, Thomas. Nos vemos por aí — digo tentando fugir da conversa. Não estou nem um pouco interessada em continuar esse diálogo.

— Você pode me passar seu número, linda? — ele pergunta esperançoso.

— Por que você não pede para o Matthew? Ele tem meu número — digo e saio naturalmente. Sinceramente, nenhum dos dois deveria ter meu número.

Depois de dançar muito com Ashley e James, saio do local da festa e vou para a rua. Está vazia, apenas com alguns carros estacionados. Devido ao horário, está escuro, mas alguns postes iluminam alguns pontos.

Sento-me no meio-fio e começo a mexer no meu celular, vendo que é 1h34. Tenho certeza de que minha mãe vai me matar amanhã.

— Desistiu de ser sociável, querida? — Eu nem preciso me virar para saber quem é.

— Matthew, não enche — falo com desprezo e me levanto e saio em direção a um lugar onde ele não estará.

— Se divertiu com o Thomas? — ele diz me seguindo, ignorando o que eu disse anteriormente.

— Por que? Está com ciúmes, meu bem? — pergunto ironizando e fazendo beicinho.

— Não, só acho que ele não é bom o suficiente para você. Ele não tem boas intenções com você.

— E desde quando você sabe o que é bom para mim? E você por acaso tem boas intenções comigo? — pergunto dando um passo adiante e ficando em sua frente.

— Eu tenho as melhores piores intenções com você, ruiva — ele diz inclinando o rosto para mais perto do meu.

A proximidade não era comum, mas não nos deixava desconfortáveis. Nossas respirações se entrelaçaram, mas isso não poderia acontecer, então eu o afastei com um empurrão.

— Que porra é essa? — ele pergunta indignado.

— A gente não pode fazer isso. Porra, você é um idiota imaturo — eu respondo meio desesperada.

— Mas eu achei que... — ele começa a dizer, mas eu o interrompi, não o deixando continuar.

— Você não acha nada! A gente não tem nada. Porra nenhuma. Nada mesmo. E nem que me pagassem eu teria algo com você — eu digo com incerteza, então entro novamente na boate e vou em direção ao bar.

— Por que essa tristeza toda? — um garoto aleatório diz. Ele tem cabelos castanhos enrolados. Parece ter 15 anos. O garoto está fantasiado de Buzz Lightyear. O traje inclui um macacão verde e branco com detalhes em roxo. É verde fluorescente. Asas destacáveis nas costas, um capacete com viseira transparente e botas brancas.

— Por causa de um idiota.

— Bem, não fique assim, uma garota tão bonita como você não deveria chorar por causa de um garoto que não te dá valor. Me chamo Nicholas Meyer, mas pode me chamar de Nick — ele diz e eu arregalo os olhos.

— Meyer? Como Matthew Meyer? — eu perguntei em choque.

— Exatamente! Ele é meu irmão mais velho — ele diz com simplicidade.

— Bem, você é bem mais legal que ele, Ricitos — digo levantando o copo de whisky.

— Ricitos? O que significa isso? Você não é daqui, é? — ele pergunta com a cabeça virada para o lado.

— Não, eu não sou daqui. Eu vim do México. E ricitos é "cachinhos" — eu digo entre risos. Eu adoro esse garoto.

Após uma breve conversa, ele partiu e eu, levemente embriagada, fui levada por Ashley até a porta da minha casa.

Entrei em silêncio, subi as escadas e adentrei meu quarto, fechando a porta atrás de mim. Já meio tonta, deitei na cama e uma vontade irresistível tomou conta de mim: vou ligar para Matthew Meyer.

— Oi, Matthew, hoje eu te rejeitei, mas não deixe isso afetar sua autoestima, você é um cara bonito — digo desajeitadamente.

— Lilith, você está bêbada? Você está bem? Onde você está? — ele diz, claramente preocupado.

— Estou em casa — respondo.

— Ok, estou indo aí — ele diz e desliga antes que eu possa responder.

Decepcionada, deito na minha cama e mexo no celular, quando a minha janela é aberta bruscamente. Assustada, olho para a janela e vejo Matthew.

— O que você está fazendo aqui? — pergunto, ainda assustada.

— Eu vim te salvar, ruiva — ele responde com um sorriso maroto em seu rosto.

— Eu não preciso de ajuda de ninguém, muito menos da sua — eu digo irritada. Ele me ignora e tira meus sapatos, pega uma coberta e me cobre.

— Você não deveria ter bebido tanto — ele me repreende.

— Eu faço o que eu quiser, ok? — digo, irritada com sua preocupação.

— Você precisa dormir, querida — ele diz, despreocupado com o que eu disse anteriormente.

— Você não pode mandar em... — digo antes de apagar.

Acordo no dia seguinte com uma ressaca absurda e muito cansada, me forço a levantar e tomar um bom banho.

(...)

Meu pai era um piloto de carro incrível que tinha um talento natural para a velocidade e uma paixão pelas corridas. Ele dedicou sua vida a aprimorar suas habilidades, constantemente ultrapassando os limites do que poderia alcançar na pista.

Como mexicano no mundo das corridas, ele enfrentou inúmeros desafios e barreiras, mas nunca deixou que isso o impedisse de perseguir seus sonhos.

Foi um dia fatídico em Chicago quando a vida de meu pai foi tragicamente interrompida.

Ele estava competindo em uma corrida de alto risco, lutando ansiosamente pelo primeiro lugar contra alguns dos melhores pilotos do mundo. A atmosfera era elétrica, cheia de expectativa e adrenalina. A emoção pairava no ar enquanto os espectadores prendiam a respiração, esperando o início da corrida.

Quando os motores ganharam vida, o carro de meu pai disparou como uma bala, serpenteando pela pista sinuosa com precisão e habilidade. A multidão explodiu em aplausos, alimentando a determinação de meu pai para o sucesso. Mas o destino tinha um plano diferente reservado para ele naquele dia.

Em uma fração de segundo, a tragédia aconteceu. Uma colisão repentina fez o carro do meu pai ir contra as leis da física, girando fora de controle na pista. Foi uma visão horrível, que ficará para sempre gravada em minha memória. O guincho dos pneus, os suspiros da multidão e o silêncio ensurdecedor que se seguiu foram todos um borrão naquele momento de caos.

Meu coração afundou enquanto eu assistia impotente das arquibancadas, vendo a vida de meu pai em jogo. Os paramédicos correram para o local, sua urgência refletindo a gravidade da situação. Mas, apesar de seus valentes esforços, era tarde demais. O acidente o havia afastado de nós, deixando um vazio que jamais poderia ser preenchido.

A notícia da morte de meu pai trouxe uma mistura de emoções. O luto e o choque se entrelaçam com as complexidades da identidade cultural. Parecia surreal estar tão longe de nossa terra natal durante esse período de imensa perda. No entanto, enquanto lutamos com nossa própria tristeza, a cidade de Chicago nos acolheu de braços abertos. E essa foi a oportunidade perfeita que minha mãe achou para voltar para a cidade que ela ama.

Então, meu pai foi enterrado aqui. Entretanto, pode-se dizer que minha mãe não ligou mais. Ela não o visitava e nem eu. Eu tinha dificuldade em ir até lá, mas estava decidida, hoje eu iria visitar meu pai.

Me visto e desço pronta para ir, mas minha mãe me interrompe.

— Filha, podemos conversar? — minha mãe pergunta.

— Claro — digo claramente irritada.

— Pelo jeito, você está com pressa e não quero atrapalhar seus planos. Apenas queria te dizer que seu pai queria te dar isso antes de morrer — ela diz, com algumas lágrimas em seus olhos.

Não posso deixar de sentir um nó na garganta quando minha mãe me entrega uma pequena caixa de veludo. O peso de suas palavras paira no ar, e sei que algo significativo está contido neste pacote simples. Com as mãos trêmulas, abro delicadamente a caixa, revelando um delicado colar que brilha sob a luz suave.

Enquanto seguro o colar em minhas mãos, sou tomada por uma onda de emoções. Memórias de meu pai inundam minha mente, e quase posso ouvir sua voz sussurrando em meu ouvido. "Lilith, minha querida, este colar foi passado de geração em geração em nossa família. Ele simboliza o amor, a força e a resiliência que percorrem nossa linhagem. Quero que você o tenha agora, para continuar esse legado."

Lágrimas brotam em meus olhos quando percebo o significado desta herança.

O colar não é apenas uma joia. É uma conexão com meus ancestrais, um lembrete tangível de seu amor e presença em minha vida. É um símbolo dos laços que perduram mesmo diante da perda de meu saudoso pai. Do meu herói. Meu porto seguro. Meu melhor amigo. Tudo tem sido difícil desde que meu pai se foi.

As coisas tinham cores vibrantes, agora está tudo em preto e branco.

— Obrigada por me entregar, mãe — eu digo piscando para afastar as lágrimas em meus olhos. Ela me dá um sorriso caloroso, e saio de casa.

Ainda me recuperando, entro em meu carro e sigo para o cemitério.

Sei que para a minha mãe a partida de meu pai é difícil. Entretanto, ela parece não ligar, ela age como se não se importasse que a pessoa com quem ela passou vinte anos casada morreu em um acidente de carro.

O peso da dor paira pesadamente no ar enquanto dirijo pelas ruas familiares em direção ao cemitério. O mundo ao meu redor parece sombrio e mudo, refletindo a tristeza que se instalou no fundo do meu coração.

O cemitério, situado nos arredores da cidade, parece mais uma floresta tranquila do que um local de descanso final. Árvores altas e esguias se erguem orgulhosas, seus galhos alcançando os céus como se tentassem preencher a lacuna entre este mundo e o próximo. O vento sussurra por entre as folhas, criando uma melodia suave que ressoa com a melancolia da minha alma.

Saio do carro, meus passos abafados pelo tapete de folhas caídas que cobrem o chão. O ar está fresco e frio, causando arrepios na minha espinha, mas ignoro o desconforto. Minha mente está focada apenas em encontrar consolo, em me conectar com a memória de meu pai em um lugar que parece sagrado e sereno.

Enquanto atravesso o labirinto de lápides, não posso deixar de notar o contraste entre as cores vibrantes da natureza ao redor e a quietude do cemitério. Os raios quentes do sol filtram-se através dos galhos das árvores, lançando um brilho suave nas lápides desgastadas pelo tempo. É um lugar sereno e pacífico, mas traz de volta memórias agridoces de perda e saudade.

Eu paro em frente ao túmulo de meu pai, meu coração pesado com uma mistura de tristeza e nostalgia. Já se passaram anos desde sua morte, mas a dor ainda persiste. A visita ao cemitério parece uma peregrinação, uma forma de nos conectarmos com as memórias e o amor que um dia nos uniu.

Quando me ajoelho, colocando flores frescas em seu túmulo que comprei em uma floricultura perto do cemitério, sinto uma presença por perto. Olhando para cima, vejo uma figura parada a alguns metros de distância, aparentemente perdida em pensamentos. Seu cabelo escuro está desgrenhado pelo vento, e a expressão triste em seu rosto reflete a minha. Algo sobre ele toca dentro de mim, e minha curiosidade leva a melhor sobre mim.

 Levantando-me lentamente, limpo a sujeira de meus joelhos e me aproximo dele hesitante. O silêncio entre nós é pesado, com o peso de perguntas não respondidas e emoções não ditas. Matthew está parado ali, com o olhar fixo no túmulo de uma garota a qual eu não conheço. O vento sussurra por entre as folhas, aumentando a estranha quietude que nos rodeia. Eu respiro fundo, tentando estabilizar meus batimentos cardíacos acelerados.

 Parece que o universo está brincando comigo. Ao me aproximar, noto o cansaço estampado no rosto de Matthew. As linhas que antes exibiam seu charme de menino agora revelam os fardos que ele carrega. Quero estender a mão e oferecer conforto, mas as palavras me escapam. Como você preenche a lacuna de arrependimentos não ditos?

 Finalmente, encontro minha voz, embora trêmula, com uma mistura de emoções.

 — Matthew — digo baixinho, minha voz quase inaudível acima do vento sussurrante.

 Ele se vira para mim, sua expressão é uma mistura de surpresa e tristeza. Seus olhos, geralmente vibrantes e cheios de vida, agora carregam um brilho de vazio. É como se o peso do mundo tivesse caído sobre seus ombros, arrastando-o para as profundezas do desespero.

 Eu me aproximo dele com cautela, consciente do delicado equilíbrio entre compartilhar sua dor e dar a ele o espaço de que ele precisa. O aroma de flores recém-colhidas enche o ar, um lembrete agridoce da fragilidade da vida. As lápides que nos cercam são altas e orgulhosas, testemunhando as histórias e memórias daqueles que vieram antes de nós.

À medida que me aproximo, percebo a forma como os ombros de Matthew caem, sua postura refletindo o peso de sua dor. Suas mãos, geralmente tão cheias de calor e bondade, agora tremem ligeiramente ao lado do corpo. Estendo a mão timidamente, oferecendo um gesto sem palavras, de apoio e compreensão.

— Eu não esperava ver você aqui — digo baixinho, minha voz cheia de empatia. — Como você está indo?

O olhar de Matthew encontra o meu, e por um momento parece que o tempo parou.

O cemitério é um lugar sombrio, cheio de fileiras e mais fileiras de lápides, cada uma representando uma vida que já passou. O ar está pesado com o perfume das flores e o peso da dor. Não posso deixar de sentir uma pontada de tristeza ao lembrar por que estou aqui.

Eu tinha vindo visitar o túmulo de meu pai, prestar meus respeitos e encontrar consolo nas lembranças dele. Mas agora, vendo Matthew parado aqui, um rosto familiar neste mar de tristeza, sinto-me atraída por ele.

Eu me pergunto o que o traz a este lugar, neste dia em particular. Talvez ele também esteja buscando consolo ou encerramento. Ou talvez ele esteja aqui para homenagear um ente querido que se foi. Não posso deixar de me perguntar que histórias estão por trás daqueles olhos expressivos.

Por um tempo, que parece ser uma eternidade, ninguém fala nada. Então, eu vou em direção à saída, me sentindo envergonhada.

— E aí, ruiva — Matthew gritou enquanto eu fazia meu caminho através das fileiras de lápides. Assustada, virei-me e o vi parado ao lado de um carvalho alto, com um leve sorriso no rosto. Ele vem correndo até meu lado, e caminhamos juntos.

Quando estávamos próximo da saída do cemitério, notei que Matthew segurava em sua mão esquerda uma fotografia antiga de uma garota de no máximo 12 anos, cabelos loiros, e ela segurava em seu colo um coelho preto e branco.

Não pude deixar de notar a mudança repentina no comportamento de Matthew. Seus olhos dispararam nervosamente para a foto em sua mão e depois de volta para mim. Era uma visão inesperada, que despertou minha curiosidade. O que havia de tão significativo naquela fotografia que ele sentiu a necessidade de escondê-la de mim?

Enquanto eu estava lá no silêncio do cemitério, me perguntei sobre a história por trás daquela foto. Era uma lembrança querida, uma relíquia de uma época mais feliz? Ou talvez tivesse um significado mais profundo que Matthew ainda não estava pronto para compartilhar.

A atmosfera ao nosso redor parecia pesada com segredos não ditos. O vento bateu em meu rosto e passou por entre as árvores, agitando suavemente as folhas como se me incitasse a descobrir a verdade oculta. Aproximei-me de Matthew, na esperança de dar uma olhada na fotografia mais uma vez, mas ele rapidamente a guardou, como se a guardasse com sua vida.

Havia uma vulnerabilidade nas ações de Matthew, uma vulnerabilidade com a qual eu poderia me identificar. Todos nós temos nossos próprios momentos privados e lugares onde buscamos consolo e reflexão.

Naquele momento, uma onda de afeto brotou dentro de mim, incitando-me a estender a mão para ele e oferecer consolo por meio do simples ato de um abraço.

Era como se uma força invisível me obrigasse a abraçá-lo e dar-lhe um toque reconfortante que transcendesse as barreiras das palavras e transmitisse meu genuíno cuidado e apoio. Eu ansiava que ele aceitasse meu gesto, retribuísse o calor e o cuidado que eu oferecia. Eu queria que ele soubesse que não estava sozinho. Então ele retribui o abraço e murmura:

— Obrigado, ruiva. — E se afasta. — Bem, agora o destino nos trouxe inesperadamente a esse encontro no cemitério. Sei que não acredita no destino, mas acha que tem alguma explicação? Está claro que o universo quer nos unir, só você que não vê isso. — Antes que eu pudesse responder, ele continua: — Eu tenho que ir para a faculdade, espero que faça o mesmo. — Quando ele estava indo em direção à sua Lamborghini preta, ele grita para mim: — Obrigado, novamente, ruiva. — Então, ele entra em seu carro, dá a partida e vai embora.

Fico parada por alguns minutos, processando tudo o que acabou de acontecer. Finalmente, entro em meu carro e vou em direção à faculdade.

Enquanto estou sentada em meu carro, os eventos da manhã se repetem em minha mente como um disco quebrado.

Tem sido um turbilhão de emoções, desde a emoção de um novo capítulo na minha vida, que foi me mudar do México e a ansiedade de deixar para trás tudo o que é familiar.

Respirando fundo, lembro a mim mesma que é para isso que venho trabalhando todos esses anos — a faculdade, a porta de entrada para um futuro de possibilidades.

Ao me aproximar do campus da faculdade, não posso deixar de sentir uma onda de antecipação nervosa tomar conta de mim. As imagens e sons familiares da academia me cercam, lembrando-me das incontáveis horas passadas em salas de aula e cubículos de bibliotecas.

Encontrar uma vaga para estacionar é um desafio, mas, eventualmente, consigo espremer meu carro em uma vaga apertada. Respirando fundo, saio do veículo e sigo em direção à entrada principal. O campus está fervilhando de atividade, alunos agitados entre as aulas e suas conversas paralelas. Assim que adentro a faculdade, me encontro com Ashley e James.

— Lili! Meu amor! — Ashley disse me dando um abraço. — Sábado vai ter uma festinha na casa do James, já que os pais deles vão estar viajando. Você vai, não é? — a garota continua.

James Arellano é o meu melhor amigo. Eu, James e Ashley somos inseparáveis. Os pais de James são bastante ricos, mas comparados à família de Ashley eles são apenas uma gota no oceano. Enquanto James desfruta de um estilo de vida confortável, Ashley vive a vida de uma socialite, cercada de opulência e extravagância.

Lembro-me da primeira vez que pisei na mansão de Ashley. Era como entrar em um mundo completamente diferente. Desde o momento em que atravessei a grande entrada, fui saudada por um deslumbrante lustre pendurado no centro do foyer, iluminando o piso de mármore abaixo. As paredes eram adornadas com obras de arte que poderiam rivalizar com qualquer museu, cada peça mais deslumbrante que a anterior. Era como se cada canto da casa exalasse luxo e sofisticação.

A família de Ashley não poupou gastos na criação de uma casa que era o epítome da grandeza. Só a sala de estar era maior do que toda a minha casa, mobiliada com sofás de veludo macio e mesas de centro com detalhes dourados. As janelas se estendiam do chão ao teto, oferecendo uma vista panorâmica dos extensos jardins e da cintilante piscina que ficava logo adiante.

Enquanto eu explorava mais, descobri que a mansão de Ashley parecia durar para sempre. Era como um labirinto de luxo e extravagância, com um cômodo mais impressionante do que o outro.

Como resultado de toda essa riqueza, ela cresceu com um estilo de vida privilegiado. Desde muito jovem, Ashley estava acostumada a ter o melhor de tudo, desde férias de luxo até roupas de grife. Sua riqueza familiar, sem dúvida, moldou sua perspectiva de vida e sua abordagem de várias situações.

Sendo a melhor amiga de Ashley, testemunhei em primeira mão as vantagens e os desafios de ser incrivelmente rica. Por um lado, Ashley conseguiu experimentar oportunidades com as quais muitos de nós só podemos sonhar. Desde frequentar escolas particulares de prestígio até poder pagar por qualquer hobby ou interesse, como as corridas ilegais e até as lutas que ela pratica, ou seja, ela teve um gostinho do mundo que muitos só podem imaginar.

No entanto, essa riqueza também veio com seu quinhão de pressões e expectativas. Os pais de Ashley sempre tiveram altos padrões para ela, incentivando-a a se destacar em todos os aspectos de sua vida. A pressão para manter a reputação da família e defender sua posição social pode ser esmagadora às vezes. Não é raro Ashley sentir o peso dessas expectativas, buscando constantemente a perfeição em tudo o que faz.

Desde o momento em que ela nasceu, os holofotes brilharam intensamente sobre ela, como se ela estivesse destinada à grandeza. Com o pai prefeito da cidade e a mãe uma advogada super bem-sucedida, era quase predeterminado que Ashley seguiria seus passos glamorosos. No entanto, essa pressão inerente nunca permitiu que ela se sentisse no controle de seu próprio destino.

Crescendo, Ashley viveu em um mundo onde a beleza e a imagem eram primordiais. Ela foi educada na arte de posar, desfilar na passarela e aperfeiçoar sua aparência impecável.

Enquanto seus amigos passavam as tardes brincando ao ar livre ou explorando seus interesses, Ashley se via participando de castings, audições e inúmeras provas. Sua infância foi um borrão de spray de cabelo e maquiagem, de constante escrutínio e comparação.

Ao entrar na adolescência, o senso de identidade de Ashley se envolveu com as expectativas colocadas sobre ela. Era como se ela tivesse se tornado um mero recipiente para os sonhos de seus pais, um manequim vivo para encarnar o auge da perfeição estética. Ela sentiu o peso dessas expectativas pressioná-la.

Antes que eu possa responder se vou ou não à festa de James, o sinal de que as aulas vão se iniciar toca. Depois que a aula acaba, não vejo Ashley nem James para me despedir, então vou direto para o estacionamento. Quando chego perto do meu carro, vejo a Lamborghini preta de Matthew estacionada ao lado.

Ele está encostado em seu elegante carro verde, parecendo legal sem esforço. Matthew sempre teve uma presença magnética, com suas feições esculpidas e olhos azuis penetrantes que parecem guardar um milhão de segredos. Se de manhã ele estava triste, agora ele parece estar bem melhor; dou um sorriso de canto quando percebo isso.

Quando me aproximo, ele sai do carro e me dá um sorriso caloroso. Sua presença por si só é suficiente para fazer meu coração bater mais forte.

— Ei, Lilith! — ele me cumprimenta com um leve aceno de cabeça. — Você tem um minuto?

A curiosidade desperta dentro de mim, e não posso deixar de me perguntar o que ele quer discutir.

— Claro, Matthew — eu respondo, tentando manter minha voz firme. — O que tem em mente? — ele se inclina para mais perto, sua voz baixando para um tom mais íntimo.

— Bem, eu queria saber se você não quer tomar um café comigo.

Não pude deixar de sentir uma mistura de surpresa e prazer ao ouvir essas palavras escaparem dos lábios de Matthew. Uma onda de expectativa tomou conta de mim, sabendo que esse simples convite tinha o potencial de se transformar em algo lindo. Meu coração palpitou de emoção com a ideia de conhecê-lo melhor com uma xícara de café aromático.

Ao olhar em seus olhos, pude sentir uma curiosidade e um interesse genuínos. Era como se ele visse além das interações no nível da superfície que havíamos compartilhado até então, e agora ele queria mergulhar mais fundo em uma conexão que era promissora. A maneira como sua voz ressoava gentilmente com sinceridade tornou impossível para mim resistir a aceitar seu convite.

O café, um ambiente tão casual e íntimo, sempre foi minha escolha preferida para conhecer alguém. Ele ofereceu a combinação perfeita de conversa confortável e oportunidade de mergulhar em discussões significativas. Eu estava ansiosa para explorar as profundezas da mente de Matthew, para descobrir as camadas que o tornavam quem ele era.

— Eu adoraria — respondi com um sorriso que refletia a emoção que borbulhava dentro de mim.

Caminhamos juntos em direção ao café do campus. O sol brilhava intensamente, lançando um brilho quente sobre as imagens e sons familiares da universidade.

A brisa suave carregava o cheiro de grama recém-cortada, misturado com o aroma perfumado do café. O aroma convidativo nos atraiu para mais perto, prometendo uma pausa momentânea das exigências da academia.

Ao nos aproximarmos do café, notei os rostos familiares de meus colegas e professores, cada um absorto em suas próprias conversas ou digitando diligentemente em seus laptops. O café servia como um centro de troca intelectual e camaradagem, onde ideias eram compartilhadas e amizades eram forjadas em xícaras de café compartilhadas.

Ao entrar no café, fui imediatamente envolvida pelo zumbido reconfortante das conversas e pelas melodias suaves que ecoavam dos alto-falantes do teto. As paredes foram adornadas com obras de arte coloridas, mostrando a criatividade. Eu me senti imediatamente envolvida por aquele ambiente acolhedor e animado. Era como se cada detalhe tivesse sido pensado para proporcionar uma experiência única aos visitantes. Os sons, as cores, as obras de arte, tudo se unia para criar uma atmosfera inspiradora. Era impossível não se sentir contagiado pela energia positiva que pairava no ar.

Eu e Matthew escolhemos uma das mesas vazias junto à janela para nos sentarmos. Nós estávamos desfrutando de duas xícaras de café fumegante. A conversa fluía de forma descontraída, sem pressa, como se o tempo não existisse. Ríamos e compartilhávamos histórias, criando laços de cumplicidade. Porém, de repente, meu celular interrompeu o clima agradável. Ao verificar a tela, meu coração disparou e um frio percorreu minha espinha.

— Com licença, eu preciso atender — digo andando para fora do café.

— Do que você precisa, Jake? — eu digo assim que atendo ao telefone.

— Que história é essa que você perdeu o racha para um novato? E por que eu fui o último a ficar sabendo? — Jake diz explodindo de raiva, e isso me faz suar frio.

— E-Eu posso explicar — digo gaguejando.

— Sem explicações, Lilith. Me encontre em nosso lugar de sempre em uma hora — Jake interrompe, sua voz cheia de autoridade antes de desligar abruptamente.

Entro novamente na cafeteria, e pego minhas coisas.

— Nossa conversa estava muito boa, mas infelizmente aconteceu uma coisa, e eu preciso mesmo ir embora.

— Claro, ruiva, sem problemas. Mas está tudo bem? — Matthew diz com o rosto cheio de preocupação.

— Está sim, obrigada. Tchau, tchau, Matthew. Adorei passar um tempo com você — me despeço e vou o mais rápido que posso até o estacionamento. Entro em meu carro e vou em direção ao local combinado.

    Minha mente corre para encontrar uma explicação para o que acabou de acontecer. Como Jake descobriu sobre a corrida? E mais importante, quem vazou a informação?

    Rapidamente percebo que minha posição na gangue pode estar em jogo se eu não apresentar uma história convincente.

    Apresso-me para me recompor e me dirijo ao nosso ponto de encontro, um local onde frequentemente nos encontramos para discutir negócios de gangues. A expectativa aumenta a cada passo, enquanto me preparo para o que está por vir.

    Entro no bar chamado "Aphrodite", o proprietário é o próprio Jake. Eu cumprimento o segurança, e vou em direção ao escritório de Jake.

    Vejo-o sentado em sua mesa, como sempre, seu olhar intenso fixo em mim. Aproximei-me cautelosamente, tentando manter a compostura apesar do desconforto borbulhando dentro de mim.

    — O que é isso que eu ouvi sobre um novato vencendo você na corrida, Lilith? — Jake exige, sua voz baixa e ameaçadora.

    Respiro fundo e organizo meus pensamentos.

    — Olha, Jake, não é o que você pensa — eu começo, tentando me explicar.

    — Não? Então me explique, querida. Por que você estava correndo, se eu fui claro quando disse que apenas Ashley correria? — ele diz erguendo o tom de voz.

    — Olha, ela correu, e foi dançar, e depois disso, mais ninguém viu ela. Eu fui falar com Hyun e ele me disse que se ninguém corresse a Midnight Serpents perderia — eu digo, Jake olha fixamente em meus olhos, e por um tempo não diz absolutamente nada.

Posso sentir o peso do olhar de Jake em mim enquanto termino de me explicar. A sala está silenciosa e quase posso ouvir as engrenagens girando em sua mente. Sei que essa decisão é crucial para os Midnight Serpents, nossa gangue de racha que domina as ruas há anos. Como líder, Jake tem o destino de nossa gangue em suas mãos e, agora, parece que ele está pensando em cada palavra que acabei de dizer.

Finalmente, depois do que parece uma eternidade, Jake quebra o silêncio. Sua voz é baixa e autoritária.

— Você está fora, Lilith. Pelo menos, temporariamente — diz ele com firmeza, seus olhos ainda fixos nos meus.

Suas palavras ressoam dentro de mim e eu entendo a gravidade da situação. Os Midnight Serpents trabalharam incansavelmente para estabelecer seu domínio nas corridas ilegais. Conquistamos respeito, instilamos medo e ganhamos controle sobre as corridas.

— Estou muito decepcionado com você — ele continua.

— Espera, o quê? Eu estou fora de todas as corridas? — eu digo, e sinto meus olhos ardendo das lágrimas que estão por vir.

— Exatamente, agora você pode se retirar, querida.

— Mas... O que eu vou fazer na gangue, agora? — pergunto em um tom desesperado.

— Não sei, vou pensar em algo. Agora, vá embora! Tenho mais coisas para resolver — ele diz olhando para a papelada em sua frente.

Fico parada por alguns segundos, então eu finalmente me movo e saio do escritório de Jake.

Vou para o estacionamento da Aphrodite, entro em meu carro e começo a chorar. Não consigo entender que isso está acontecendo comigo. Jake está me pedindo para parar de correr e participar de corridas ilegais, mas correr é minha paixão, minha fuga da realidade. Não posso simplesmente desistir porque alguém me diz para fazê-lo. Mas, ao mesmo tempo, Jake é meu líder, aquele que me colocou sob sua proteção e a ideia de desapontá-lo me consome, me destroça por dentro.

Enquanto estou sentada no meu carro, segurando o volante com força, respiro fundo, tentando me acalmar. Eu enxugo as lágrimas que escorrem pelo meu rosto, minha mente correndo com pensamentos conflitantes. Devo obedecer às ordens de Jake e acabar com a adrenalina que corre em minhas veias toda vez que piso no acelerador? Ou devo desafiá-lo, arriscar perder sua confiança e continuar fazendo o que amo?

O motor ruge para a vida, lembrando-me da feroz determinação queimando dentro de mim. Eu enxugo os restos de minhas lágrimas, minhas mãos firmes no volante.

Sinto-me presa em minhas próprias emoções, sufocada pelo peso de meus pensamentos. A ideia de buscar consolo em meus lugares habituais está longe de ser atraente. Mesmo o Éden, com sua beleza serena e atmosfera tranquila, não atrai nenhum encanto. Esse santuário, outrora meu refúgio, foi maculado pela presença de Matthew, a pessoa que destruiu a tranquilidade do meu mundo e é a última pessoa que quero encontrar. Sua mera presença envia uma onda de raiva e tristeza a correr por minhas veias. Não consigo suportar a ideia de estar perto dele. Sei que ele pode ser uma pessoa legal quando quer, entretanto, ele é a última pessoa que quero ver agora.

Voltar para casa parece igualmente insuportável. As paredes da minha casa ecoam com o vazio que agora invade meu coração. Cada quarto contém uma lembrança dolorosa do que perdi, mesmo que tenhamos nos mudado, a solidão ainda é a mesma. Anseio pelo conforto da familiaridade, mas temo que as próprias paredes tenham absorvido minha tristeza, tornando impossível encontrar consolo dentro de seus limites.

Quanto aos meus amigos, sei que eles estariam lá para mim em um instante. Eles dariam ouvidos atentos, ofereceriam palavras de conforto, e forneceriam apoio inabalável. Em momentos de adversidade, é reconfortante saber que há pessoas ao seu lado, prontas para dar uma mãozinha ou simplesmente dar um ouvido. Ter amigos dispostos a estar ao seu lado, não importa o que aconteça, é uma verdadeira bênção.

    Em tempos difíceis, o poder da empatia não pode ser subestimado. Meus amigos têm uma capacidade notável de se colocar no meu lugar, de entender e validar meus sentimentos. Eles nunca descartam minhas emoções ou tentam minimizar minha dor; em vez disso, eles oferecem empatia e compaixão. Eles me lembram que não há problema em sentir o que estou sentindo e que não estou sozinha em minhas lutas.

    Meus amigos não apenas dão apoio emocional, mas também fornecem assistência prática quando necessário. Seja um ombro para chorar, uma mão amiga nas tarefas ou um gesto atencioso para levantar meu ânimo, eles estão sempre lá para oferecer ajuda. É nesses pequenos atos de bondade que eu realmente vejo a profundidade de sua amizade e o cuidado genuíno que eles têm pelo meu bem-estar.

    Eu me encontro em um estado de total confusão e incerteza. No passado, sempre que a vida me desequilibrava, meu primeiro instinto era pedir orientação e apoio a meu pai. Ele estava sempre presente, pronto para ajudar e dar conselhos sábios. No entanto, o destino me deu um golpe cruel, arrebatando meu pai de mim, deixando-me perdida e desamparada.

    Naqueles momentos de desespero, havia outro caminho que proporcionava consolo e fuga das duras realidades da vida. Eu mergulharia no mundo emocionante das corridas ilegais. A emoção da perseguição, a adrenalina correndo em minhas veias e a camaradagem de outros pilotos foram elementos que me fizeram sentir viva. Essas corridas de alto risco nas ruas trouxeram um senso de propósito à minha existência, mesmo que apenas temporariamente.

Mas agora essa aparência de estabilidade e consolo foi quebrada. Não posso mais recorrer ao mundo das corridas ilegais para encontrar descanso para minha mente perturbada.

Quando me dei conta, já estava anoitecendo, e eu ainda estava parada no estacionamento. Com uma mistura de determinação e medo, saio do estacionamento e acelero meu carro, sentindo a emoção da velocidade enquanto atravesso as ruas. Cada curva e cada ultrapassagem me faz sentir viva, lembrando-me de por que escolhi esse caminho. Não vou deixar que o medo ou as expectativas dos outros me impeçam de perseguir minha paixão.

Enquanto a noite avança e as luzes da cidade se tornam um borrão, eu me sinto livre, como se pudesse voar. Sei que haverá consequências para minhas escolhas, e não tenho certeza se estou disposta a pagar por elas. Enquanto eu estiver atrás do volante, sinto que finalmente encontrei meu lugar no mundo.

Sentindo-me perdida e sobrecarregada, preciso desesperadamente de alguém em quem confiar. Enquanto vasculho meu cérebro em busca de uma solução, meus pensamentos instintivamente navegam em direção à casa de Ronan.

Ronan sempre foi minha pessoa de referência quando a vida lança suas bolas curvas para mim. Seja um ombro para chorar ou uma voz firme da razão, ele nunca deixa de fornecer consolo e orientação. Eu conheci ele no México, mas ele e sua família se mudaram para Oklahoma, e pouco tempo atrás descobri que ele morava aqui em Chicago. Não pude acreditar quando soube que Ronan havia se mudado para Chicago. Fazia anos desde a última vez que nos vimos no México, e agora ele estava a poucos passos de distância. A empolgação cresceu dentro de mim quando percebi que finalmente tinha minha pessoa favorita por perto novamente.

A vida em Chicago pode ser esmagadora às vezes, especialmente para alguém como eu, que é novo na movimentada cidade. O ritmo acelerado, as ruas lotadas e o barulho constante às vezes podem me deixar perdida e sozinha. Mas saber que Ronan está aqui me traz uma sensação de conforto e familiaridade.

Nós nos encontramos por acaso em um pequeno café um dia, ambos surpresos ao nos vermos nesta cidade estrangeira. Quando nos sentamos e conversamos sobre a vida um do outro, não pude deixar de me sentir grata pelo acaso que nos uniu mais uma vez. O sorriso caloroso de Ronan e o interesse genuíno em meu bem-estar me lembraram por que ele sempre foi minha pessoa preferida.

Nos anos em que estivemos separados, Ronan cresceu de várias maneiras. Ele me passou seu número e me disse onde estava morando.

Com um vislumbre de esperança em meu coração, decido controlar minhas emoções e seguir em direção à morada de Ronan. O mero pensamento de sua presença familiar já começa a aliviar minha mente perturbada. Enquanto caminho pelas ruas movimentadas da cidade, meus passos parecem mais leves, como se o peso do mundo estivesse gradualmente sendo tirado de meus ombros.

A casa de Ronan fica aninhada em um bairro tranquilo, exalando uma aura de calor e conforto. Sua fachada convidativa, adornada com flores vibrantes e um gramado bem cuidado, oferece um santuário frente ao caos de meus próprios pensamentos. Respirando fundo, subo os degraus da frente e toco a campainha, meu coração cheio de expectativa pelo consolo e orientação que me esperam lá dentro.

Ronan abre a porta, um leve sorriso brincando em seus lábios. Seus olhos, cheios de compreensão.

— Olá, sweetheart. É bom ver você! — ele me diz, me dando um abraço caloroso. Suspiro de alívio quando entro no abraço reconfortante de Ronan.

O peso dos meus problemas parece momentaneamente sair de meus ombros, e encontro consolo na familiaridade de sua presença. Ronan sempre foi minha pessoa preferida sempre que a vida joga o pior em mim, e hoje não é exceção.

Quando nos separamos de nosso abraço, noto a preocupação genuína estampada no rosto de Ronan, e ele me convida para entrar em sua casa. Seus olhos, como janelas para sua alma, transmitem uma profunda compreensão da dor que devo estar sentindo. Levo um momento para organizar meus pensamentos, sem saber por onde começar. Mas sei que o apoio inabalável de Ronan me dará forças para compartilhar meus fardos.

Sento-me no sofá aconchegante de sua sala de estar, sentindo uma sensação de conforto tomar conta de mim. Ronan se acomoda ao meu lado, sua presença oferece uma sensação de segurança de que preciso desesperadamente agora. Respiro fundo, preparando-me para me abrir sobre as coisas ruins que aconteceram comigo.

— Tem tanta coisa acontecendo de uma vez, Ronan — eu digo, piscando para afastar as lágrimas.

— Tudo bem, docinho. Eu estou aqui, e sempre vou estar — ele diz me dando um beijo em minha têmpora. — Por que não me conta tudo desde o início?

— Bem, tudo começou quando entrei para os Midnight Serpents. Como eu ainda não estou familiarizada com a mudança de posição do volante, o meu superior foi claro, e disse que eu não correria naquele dia. Entretanto, a Ashley havia sumido, e se ninguém corresse, consequentemente, nós perderíamos. Eu corri e perdi o controle do carro, e acabei perdendo para um novato qualquer. Agora, eu não posso participar e muito menos correr nas corridas ilegais — suspirei ao contar os eventos daquele dia fatídico para Ronan, que ouviu pacientemente. Sua presença proporcionando consolo em um mundo caótico.

A princípio, juntar-se aos Midnight Serpents parecia um sonho tornado realidade. O fascínio da cena das corridas sempre me intrigou, e fazer parte de uma equipe renomada como os Serpents foi a emoção máxima. Mas mal sabia eu então que um erro mudaria tudo.

Como expliquei, minha falta de experiência em dirigir no lado oposto da estrada provou ser minha ruína. Meu superior havia me avisado sobre isso, afirmando explicitamente que eu não teria permissão para correr até que tivesse dominado a arte de me ajustar às diferentes posições do volante. No entanto, o destino tinha outros planos naquela noite.

Ashley, nossa motorista experiente e habilidosa, desapareceu misteriosamente, deixando-nos sem um piloto confiável. O destino de nossa tripulação e nossa reputação dependiam de encontrar um substituto, e a pressão era palpável. Em um momento de desespero, tomei uma decisão precipitada. Eu iria correr.

— Mas, querida, você sempre correu por conta própria no México, por que agora é diferente? — Ronan me pergunta, com os olhos cheios de empatia.

Respiro fundo, tentando organizar meus pensamentos antes de responder a Ronan. A pergunta dele me atinge como um soco no estômago, mas sei que ele merece uma resposta honesta. A verdade é que ser expulsa da gangue de rua não foi apenas um golpe no meu orgulho, mas destruiu meu senso de identidade.

No México, correr sozinha foi uma escolha que fiz para sobreviver. Tratava-se de aprimorar meus instintos, confiar em minha inteligência e ficar um passo à frente dos perigos que espreitam nas sombras. Mas fazer parte de uma gangue, por mais imperfeita que fosse, me deu uma sensação de pertencimento, uma espécie de família distorcida. Era a única estabilidade que eu conhecia há anos, e ser expulsa dela me deixou à deriva.

Olho nos olhos de Ronan, grata por sua compreensão e apoio.

— Ronan, não se trata apenas de correr sozinha. É sobre perder a única aparência de família que eu tinha. Fazer parte daquela gangue, por mais confusa que fosse, me deu um senso de propósito — digo soluçando.

— Calma, sweetheart, não precisamos falar sobre isso. Vamos mudar de assunto — Ronan diz, limpando as lágrimas que estavam em minhas bochechas.

Respirei fundo, tentando firmar minha voz trêmula. O toque de Ronan era reconfortante, seu gesto gentil acalmava minhas emoções desgastadas. Mas era difícil simplesmente deixar de lado o que pesava muito em meu coração. As lágrimas continuaram a fluir, meus soluços escapando incontrolavelmente.

— Você está certo, Ronan — eu sussurrei, minha voz ligeiramente trêmula. — Vamos nos concentrar em outra coisa; algo que pode nos trazer um pouco de alegria.

— Você não quer ir lá fora? — Ronan me pergunta. Meus olhos encontram os dele, e posso ver a excitação genuína brilhando em suas íris azuis. Como eu poderia resistir? Seu entusiasmo é contagiante e sei que qualquer aventura que me espere lá fora valerá a pena.

Dou um sorriso de canto para Ronan, me levanto do seu sofá e estico meus membros, como se os acordasse de um longo sono.

O quintal de Ronan, ou mais precisamente, seu deserto pessoal, é um espetáculo para ser visto. Ao olhar para o extenso quintal, não posso deixar de ser cativada por sua beleza. O luar lança um brilho suave sobre a vegetação luxuriante, transformando a paisagem em um reino mágico. As árvores imponentes balançam suavemente na brisa noturna, suas folhas farfalhando como sussurros ao vento. O chilrear das criaturas noturnas enche o ar, criando uma sinfonia que se mistura harmoniosamente com o distante pio de uma coruja.

A brisa suave farfalhava por entre as árvores, trazendo consigo uma sensação de tranquilidade. Enquanto nos reclinávamos em suas confortáveis espreguiçadeiras, nossos olhos eram atraídos para cima, cativados pela visão gloriosa no alto. A lua, radiante e cheia, lançava um brilho suave sobre o sereno céu noturno.

As estrelas, como pequenos diamantes espalhados por uma tela de obsidiana, brilhavam de forma hipnotizante. Cada uma parecia possuir seu próprio brilho único, acendendo a escuridão com um brilho celestial. Era como se os céus estivessem montando um espetáculo magnífico só para nós, exibindo sua vasta beleza e presença inabalável.

Naquele momento, o tempo pareceu parar. As preocupações e tensões do dia se dissiparam enquanto mergulhávamos na tranquilidade da noite. O mundo ao nosso redor ficou em segundo plano, e tudo o que importava era a harmonia pacífica que encontramos na companhia um do outro.

— Olhe para as estrelas — eu disse suavemente, apontando para o céu noturno. — Elas são tão lindas, não são? É incrível pensar na vastidão do universo e em como cada estrela guarda sua própria história.

Ronan seguiu meu olhar, seus olhos traçando as constelações espalhadas pela tela da noite.

— Não quero voltar para casa, Ronan. O que era para ser meu lar... agora, graças a Lorenzo, parece insuportável estar lá — eu digo, voltando a chorar.

Com Ronan, eu não preciso reprimir meus sentimentos.

— Você tem que bater de frente com seus monstros, Lilith. Você não pode fugir disso para sempre — Ronan diz, olhando fixamente em meus olhos.

Ronan está certo, como sempre. Não posso fugir da minha realidade para sempre.

— Eu senti muito a sua falta, Ronan. Você nem imagina como eu estou feliz em te ter comigo novamente.

Ronan é meu amigo de infância. Compartilhamos inúmeras aventuras e risadas enquanto crescíamos juntos no México. Essas lembranças estão guardadas no fundo do meu coração e, ao olhar para o rosto familiar de Ronan, uma onda de nostalgia me invade. Eu amo-o com todas as fibras do meu ser. E eu, honestamente, não sei o que faria sem Ronan. Ele é tudo para mim. Ele é meu lar. Meu chão. Meu abrigo. E eu o amo tanto que nem consigo descrever.

Ronan sabe de todos os meus segredos mais obscuros, e mesmo assim, sempre esteve comigo, me apoiando, nunca me abandonou.

Ronan se vira abruptamente para mim.

— E se nós criarmos a nossa própria gangue? — ele me diz com os olhos brilhando de empolgação, e um sorriso de orelha a orelha.

— O quê? Você só pode estar brincando — eu digo, surpresa.

Ronan nunca gostou que eu participasse de corridas ilegais. Ele sempre teve medo que eu tivesse o mesmo destino de meu pai, e agora está propondo que criemos uma nova gangue de racha do zero.

— Estou com cara de quem está brincando, Lilith? — Faço uma pausa por um momento, observando a expressão séria de Ronan e o brilho de determinação em seus olhos.

Sua sugestão me pega desprevenida, considerando sua posição usual sobre atividades ilegais. Mas, ao estudar seu rosto, percebo que essa proposta não é apenas uma ideia lúdica. Ronan leva isso a sério.

Uma mistura de curiosidade e cautela gira dentro de mim enquanto contemplo a proposta de Ronan. Criar uma gangue de rua do zero não é pouca coisa. Isso exigiria um planejamento intrincado, alianças e uma compreensão profunda do ventre de nossa cidade. E embora eu sempre tenha sido atraída pela emoção e adrenalina do cenário das corridas, a ideia de mergulhar de cabeça no reino do crime organizado me excita e me apavora.

— Qual é, Ronan!? Isso não é brincadeira. Isso exige muito planejamento. E nós iremos precisar de um mecânico, um piloto e tudo isso!

— Qual é, não crie uma tempestade em um copo de água. Não é difícil arrumar tudo isso, Lili.

— Eu acho que você deve esquecer esse assunto. Você precisa de uma boa noite de sono — eu digo me levantando da espreguiçadeira. Ele faz o mesmo e me dá um abraço acolhedor. — Eu vou enfrentar meus monstros, Ronan. Obrigada por me ouvir — acrescento lhe mostrando o meu melhor sorriso. Ele me acompanha até meu carro, e abre a porta do motorista para mim.

— Eu te amo mais que tudo, sweetheart. Eu sempre vou estar aqui para você — ele me diz enquanto fecha a porta.

Eu ligo meu carro, e o motor ruge para a vida. Eu respiro fundo enquanto me afasto do meio-fio, o som do motor roncando e acompanhando meus pensamentos acelerados. As palavras de Ronan ecoam em minha mente, proporcionando-me uma sensação de conforto e força. Não posso deixar de me sentir grata por seu apoio inabalável, especialmente em momentos como esse, quando mais preciso.

Enquanto navego pelas ruas familiares, preciso refletir sobre a conversa que acabou de acontecer. Não foi fácil me abrir sobre meus medos e inseguranças, mas a presença e a compreensão de Ronan tornaram tudo suportável. Ele ouviu atentamente, oferecendo segurança e empatia, lembrando-me de que não preciso enfrentar meus monstros sozinha.

Enquanto dirijo pelas ruas ferozmente de volta para casa, lembro-me de que já passei por desafios muito piores e mais difíceis do que esse antes. As luzes da cidade piscam ao longe, lançando um brilho nas ruas desertas. Já passa da meia-noite e o mundo parece ter caído no sono.

O ar da noite é frio, penetrando pelas frestas da janela do meu carro, mas não consegue amortecer o calor que enche meu coração. É em momentos como esse, quando o mundo está quieto e silencioso, que encontro força em minha própria resiliência. Eu resisti a tempestades e enfrentei a adversidade de frente, emergindo cada vez mais forte. Essa tristeza momentânea, como uma rajada de vento, vai passar.

Embora a noite possa ocultar minhas lágrimas, ela não pode esconder o brilho de determinação em meus olhos. Eu me recuso a deixar a solidão me consumir. A cada giro da roda, eu me aproximo de casa. E não consigo deixar de sentir uma onda de tristeza me atingir em cheio novamente.

Quando cheguei em frente à minha casa, estacionei meu carro na garagem. Exausta, vou em direção ao meu quarto. Deitei na cama, fechei meus olhos e deixei-me envolver pelo abraço reconfortante do sono.

CAPÍTULO 4

Acordo no outro dia às 7 horas com meu celular tocando. Céus, é sábado! Olho para a tela, e vejo que é Ashley. Eu gemo e me atrapalho para atender a ligação, meu cérebro sonolento lutando para processar por que Ashley estaria me ligando tão cedo em um fim de semana. Quando levo o telefone ao ouvido, não posso deixar de me perguntar o que diabos ela poderia querer nesta hora ímpia.

— Olá? — digo quando consigo reunir minha voz ainda misturada com traços de sono.

— Ei, Lilith! Desculpe por acordá-la tão cedo. — A voz de Ashley soa surpreendentemente enérgica para esta hora do dia. — Eu tenho algo angelical pra cacete pra te contar!

Eu e Ashley usamos o termo "angelical" para descrever algo emocionante. A curiosidade desperta em mim, e sento-me na cama, esfregando os olhos para tirar o sono enquanto tento me concentrar na conversa.

— O que é? — pergunto; meu tom é uma mistura de confusão e intriga.

— Lembra que eu te contei sobre aquela competição de luta livre para a qual eu tenho treinado? — A voz de Ashley cai para um sussurro, como se ela não quisesse que ninguém a ouvisse.

Ashley ficou por meses treinando para a tão esperada luta. Apesar dos pais sempre apoiarem ela em tudo, e sempre deixarem ela fazer o que quisesse, duvido que eles deixassem sua preciosa filha modelo arriscar seu belo rostinho em uma luta de rua ilegal. Mas para Ashley essa competição significava mais do que apenas arriscar sua aparência. Tratava-se de provar a si mesma, testar seus limites e abraçar sua verdadeira força. Ela sempre foi atraída para o mundo das lutas, admirando a força bruta e a paixão que emanava dos lutadores.

— Eu vinha treinando em segredo, encontrando competições clandestinas de luta livre onde pudesse praticar e aprimorar minhas habilidades. Foi difícil encontrar esses eventos, pois eles foram mantidos escondidos dos olhos do público para evitar problemas legais. Mas, por meio de minha determinação e conexões, consegui garantir uma vaga em uma das ligas de luta livre mais notórias da cidade — Ashley diz, e consigo perceber a empolgação em sua voz.

— Claro. E o que exatamente eu tenho que fazer? Mentir para seus pais? — eu falo em um tom brincalhão.

— O quê? Claro que não! Eu quero te convidar para me ver lutar. Aliás, hoje temos uma festa na casa do James.

Demoro um tempo para processar todas as informações, pois ainda estou muito sonolenta. Eu lentamente pisco meus olhos abertos, tentando me livrar dos resquícios de sono que se agarram à minha mente.

Minha mente se esforça para alcançá-la, ainda presa na névoa da sonolência matinal. Enquanto tento juntar suas palavras, uma percepção repentina me atinge como uma descarga elétrica.

— Oh, não — murmuro baixinho. Como pude me esquecer da festa na casa de James esta noite? Sentindo uma pontada de culpa por minha distração, reúno um pedido de desculpas grogue.

— Oh, céus, eu esqueci completamente da festa, desculpe. É que são 7 da manhã de um sábado e meu cérebro ainda está tentando processar tudo — digo enquanto esfrego minhas têmporas.

— Tudo bem, Lili! — ela me diz, me tranquilizando. — Mas você vai, não é?

— Claro. Quando é a luta? — pergunto, pouco interessada.

— Hoje! — Ashley diz de forma animada, sua voz cheia de energia. — Vai rolar uma ação séria, e eu quero que você esteja lá comigo. — Eu posso dizer pelo jeito que ela fala que ela está realmente ansiosa por isso.

Eu considero por um momento, sabendo que nunca estive realmente em brigas ou situações de violência. Mas algo no entusiasmo de Ashley é contagiante, e me pego concordando com ela.

— Tá bom, conte comigo. Vou com você na luta — digo a ela, tentando igualar a sua empolgação.

— Sim, é disso que estou falando! — alegra-se Ashley. — E depois da luta podemos ir direto para a festa do James. Vai ser selvagem, confie em mim. — Posso ouvir o sorriso em sua voz, e sei que ela não está exagerando. James dá as melhores festas, sempre com boa música, boa comida e muita bebida.

— Isso soa como um plano. Estou precisando de uma boa festa — respondo, me sentindo um pouco mais desperta e energizada.

— Tudo bem, venha aqui em casa para nos arrumarmos para a festa — Ashley diz ainda mais empolgada, se é que isso é possível. Rapidamente concordo com o plano de Ashley, me arrumo e vou até a casa dela. No caminho, não pude deixar de pensar em como nos divertiríamos. James é conhecido por dar as melhores festas, e eu mal podia esperar para ver o que ele havia planejado para esta noite.

Assim que chego em sua casa, sou recebida por Ashley e seus cachorros, passamos a tarde toda jogando conversa fora, até dar 18 horas, quando começamos a nos arrumar. Ashley está se preparando para sua luta ilegal e eu a estou ajudando a se preparar.

Examinamos seu plano de jogo e praticamos alguns movimentos nos quais ela está trabalhando. É estressante pensar no perigo dessas lutas clandestinas, mas Ashley está determinada a vencer.

Após algumas horas de preparação, seguimos para o local da luta. E me sinto desconfortável quando entramos no prédio. O clima é tenso, com gritos e aplausos ecoando pelos corredores. Observo Ashley entrar no ringue e meu coração dispara quando a luta começa.

É uma luta brutal e intensa, com as duas lutadoras dando tudo de si. Enquanto observo a luta de Ashley, posso ver a determinação em seus olhos. Ela está focada e não está recuando. Sua oponente é feroz, mas Ashley está dando tudo de si. Eu posso ver sua estratégia se desenrolando enquanto ela se esquiva e desvia dos ataques da outra garota. Ela é rápida e ágil, e está claro que ela está treinando muito para este momento.

À medida que a luta avança, posso ver a confiança de Ashley crescendo. Ela está acertando mais e mais golpes, e sua oponente está começando a se cansar. A torcida está indo à loucura, mas estou muito focada na luta para dar muita atenção a eles. Só consigo pensar em como Ashley vencerá essa luta. Não são apenas sua habilidade e determinação que a ajudarão — é também sua capacidade de ver tudo.

Ashley sempre foi incrivelmente perspicaz. Ela tem uma maneira de perceber as coisas que os outros podem perder, e isso a ajudou em muitos aspectos de sua vida. Nesta luta, está se mostrando uma grande vantagem. Ela é capaz de lê-la. Eu posso ver a frustração crescendo no rosto de sua oponente enquanto Ashley continua a se esquivar e desviar de seus ataques.

Eu sei que Ashley dedicou incontáveis horas de treinamento para esta luta. Ela tem trabalhado para aperfeiçoar sua técnica e estratégia, e está valendo a pena. Mas o que realmente a diferencia é sua capacidade de analisar a situação e se adaptar a qualquer mudança. Ela está constantemente avaliando a luta e ajustando sua abordagem de acordo.

Quando o sinal final toca, Ashley claramente venceu a luta. A outra garota está exausta e derrotada, enquanto Ashley está radiante de orgulho. Posso ver a determinação em seus olhos e sei que isso é apenas o começo. Com seu talento e perspicácia, ela tem potencial para ser uma campeã em tudo o que ela definir. Ver Ashley competir nesta luta foi realmente inspirador. Era óbvio que ela estava no controle da situação desde o início. Fiquei impressionada com a maneira como ela conseguia ler os movimentos de sua oponente e antecipar seu próximo movimento. É claro que Ashley tem um talento natural para esse esporte, mas o que realmente me chamou a atenção foi seu nível de confiança durante a luta.

Enquanto coletamos seus ganhos, não posso deixar de me sentir aliviada porque a luta acabou.

Depois de uma rápida comemoração, Ashley e eu vamos para a sua casa nos arrumar para a festa de James. O contraste entre a luta ilegal e a festa de James é gritante. Colocamos nossas melhores roupas, fazemos o cabelo e a maquiagem e garantimos que temos tudo o que precisamos para a noite. Ashley está usando um vestido preto com brilhos, que deixam suas tatuagens expostas. Ela tem uma tatuagem de cobra enrolada em seu braço esquerdo e um dragão oriental em sua perna direita. Sua maquiagem é ousada com lábios vermelhos e olhos esfumaçados. Eu, por outro lado, estou usando um vestido verde-escuro com brilhos que complementa meus cabelos ruivos. Minha tatuagem de dragão também está exposta. Eu e Ashley fizemos nossas tatuagens juntas, como um símbolo de nossa amizade e do vínculo que compartilhamos.

No dia em que decidimos fazer as tatuagens, estávamos nervosas, mas animadas. Estávamos conversando sobre isso há meses e finalmente decidimos mergulhar. Enquanto estávamos sentadas no estúdio de tatuagem, olhamos uma para a outra com carinhas sorridentes e demos as mãos com força, prontas para embarcar nessa nova aventura juntas.

O tatuador foi simpático e nos deixou à vontade. Quando ele começou a trabalhar em nossas tatuagens, nós duas estremecemos de dor, mas não deixamos transparecer. Sabíamos que a dor era temporária, mas nossa amizade duraria para sempre.

Depois que as tatuagens foram concluídas, admiramos a tinta uma da outra, tirando fotos e exibindo-as para nossos amigos. Nossas tatuagens representam não apenas nosso vínculo, mas também nossa individualidade. A tatuagem de dragão em nossas pernas representa a nossa força e determinação. Já a tatuagem de cobra de Ashley simboliza sua criatividade e astúcia.

Cada vez que olhamos para nossas tatuagens, nos lembramos do vínculo maravilhoso que compartilhamos.

Assim que sentimos que estamos prontas, eu e Ashley saímos de casa e vamos em direção ao seu carro. Enquanto dirigimos em direção à casa de James, não pude deixar de me maravilhar com o quão incrivelmente linda a noite está. O céu é de um tom escuro de azul, com estrelas brilhando como diamantes. A lua estava cheia e brilhante, lançando um brilho prateado sobre tudo. O ar estava fresco e frio, com uma brisa suficiente para fazer as árvores sussurrarem e balançarem suavemente.

Falando da brisa, está bastante forte e tem rajadas. Eu posso senti-la puxando meu cabelo e roupas. Eu posso ver as árvores se curvando e balançando ao vento, seus galhos rangendo e gemendo. Era quase como se o vento estivesse tentando nos empurrar para trás, nos desencorajar de ir à casa de James. Mas seguimos em frente, determinadas a chegar ao nosso destino.

Apesar do vento, não pude deixar de sentir uma sensação de paz e contentamento enquanto dirigíamos noite adentro. A beleza do ambiente, combinada com a emoção da aventura e a companhia de Ashley, me fizeram sentir viva e livre.

Quando estamos chegando perto da casa de James, podemos ouvir a música tocando a alguns quarteirões de distância. Mal podemos esperar para ver todos os nossos amigos e dançar a noite toda. Assim que chegamos, James já estava esperando por nós em frente à sua casa.

— Oi, meninas! Estou tão feliz que vocês vieram! — ele diz, nos recebendo com um sorriso e um abraço caloroso. Ele está vestindo um terno preto que o faz parecer elegante e sofisticado.

Entramos na festa, e ela já está lotada. A atmosfera é animada e todos estão se divertindo muito. Pegamos uma bebida e começamos a socializar com nossos amigos. À medida que a noite avança, a música fica mais alta e a festa fica ainda mais divertida.

— Vamos para a pista de dança! — Ashley diz em um tom de voz um pouco mais alto por conta da música.

Começamos a dançar com a música "Yo Voy", Ashley têm movimentos de dança matadores e todos ficam impressionados. A tatuagem de cobra de Ashley parece ganhar vida conforme ela se move no ritmo.

Conforme a noite avança, a música fica mais alta e a festa fica ainda mais divertida. Até que eu vejo um rosto familiar, o Thomas, melhor amigo de Matthew Meyer. Ele está usando um terno preto com uma gravata azul-escura, e junto dele havia mais dois rapazes, um deles é o garoto loiro que eu vi no primeiro dia de aula, e em umas das primeiras festas da faculdade.

Era a recepção dos calouros, eu estava usando um vestido branco lindo, e meus cabelos ruivos estavam presos em uma trança. Então, esse garoto loiro se aproximou e derramou um balde de tinta rosa em mim.

Não posso deixar de sentir uma pontada de ressentimento em relação a eles, especialmente ao garoto loiro que estragou meu vestido e me envergonhou na frente de todos no meu primeiro dia de faculdade. Mas tento afastar esses sentimentos negativos e continuar dançando com meus amigos.

À medida que a noite se desenrola, não posso evitar de olhar para o grupo de rapazes de vez em quando. Eles parecem estar se divertindo, bebendo e rindo um com o outro. Mas não consigo me livrar da sensação de que eles não estão tramando nada de bom.

De repente, ouço um barulho vindo da área onde Thomas e seus amigos estão. Eu me aproximo para ver o que está acontecendo e vejo que eles estão começando a fazer uma cena. Eles estão gritando e se empurrando, e algumas pessoas da festa estão começando a se reunir ao redor deles. Sei que preciso intervir, mas não tenho certeza do que fazer. Não quero chamar a polícia, pois isso poderia arruinar a festa para todos, e uma boa parte das pessoas que estão presentes na festa participam de atividades ilegais. No entanto, não posso simplesmente deixá-los continuar a causar perturbação. É quando James intervém.

Ele calmamente se aproxima do grupo de meninos e diz a eles que seu comportamento é inaceitável. Ele os lembra que são hóspedes em sua casa e que precisam respeitar suas regras. Thomas e seus amigos tentam discutir com ele, mas James se mantém firme. Ele diz a eles que se não saírem imediatamente, ele será forçado a chamar a polícia.

Eu posso ver que James fala sério, e os meninos percebem isso também. Eles rapidamente juntam suas coisas e vão embora sem causar mais problemas. Estou aliviada por a situação ter sido resolvida sem nenhum drama. James fez a coisa certa ao enfrentá-los e impor as regras de sua casa. Agradeço por não ter chamado a polícia e por todos poderem continuar curtindo a festa sem maiores incidentes.

— O que aconteceu? — Ashley me pergunta, enquanto se aproxima bebendo algo em seu copo.

— Não tenho ideia. Essa discussão toda me deixou com dor de cabeça. Vou tomar um ar, já volto — eu digo para a garota, que concorda com a cabeça.

Vou em direção ao jardim da enorme casa de James, quando vejo Thomas sentado no meio-fio. Lentamente me aproximo dele.

— Ei, você está bem? — eu digo me sentando ao seu lado.

— Não. Acabei de ter uma briga com meus amigos, e eu vim até aqui com eles. Não tenho como voltar para casa, e o pior de tudo é que o Matthew não me atende — ele diz passando a mão pelos seus cabelos castanhos emaranhados. Sinto pena de Thomas. Eu sei como é ficar preso em um lugar onde você não conhece ninguém e especialmente quando você está discutindo com seus amigos. Pego meu telefone e disco o número de Matthew. Depois de um tempo, ele atende.

— Oi, ruiva, está tudo bem? — ele diz, e consigo perceber o tom de preocupação no seu tom de voz.

— Ei, Matthew! Eu estou com Thomas, e ele precisa de uma carona para casa. Você pode vir buscá-lo? — assim que digo isso, vejo Matthew hesitando quando me responde.

— Claro, onde ele está? — ele diz do outro lado da linha. Pelo tom de voz de Matthew, acredito que esta não seja a primeira vez que isso acontece com Thomas.

Eu dou a ele o endereço da casa de James e digo a ele que Thomas está sentado na calçada em frente a ela, e que vou ficar com Thomas até ele chegar. Sinto-me aliviada por Matthew estar chegando e por Thomas poder voltar para casa em segurança.

Enquanto espero com Thomas, tento animá-lo conversando com ele sobre algo que ambos gostamos: música. Conversamos sobre nossas bandas favoritas e até mostro algumas músicas que ele nunca ouviu antes. Ele me diz que o time de basquete vai competir e que ele odeia o treinador. Ele também me conta que ele e Matthew cresceram juntos, e que eles tinham um sonho de criar uma banda. Nossa conversa é interrompida quando Matthew chega, e estaciona seu carro do outro lado da rua.

Matthew desce do carro e para ao nosso lado.

— Minha nossa, o que aconteceu com você, cara? — Matthew está olhando para o olho inchado e a bochecha machucada de Thomas. Thomas hesita antes de contar o que aconteceu.

— Não sei. Eu estava bebendo e me divertindo com os caras, e de repente começamos a brigar. — Matthew olha para mim e posso sentir a decepção em seus olhos. Ele sabe que Thomas é temperamental e pode ter problemas facilmente.

— Thomas me contou do sonho de vocês formarem uma banda. Sabe, não é uma má ideia — eu digo, tentando amenizar a situação.

— Nós éramos meninos naquela época — Matthew diz sério enquanto ajuda Thomas a ir até o carro. — Como vai voltar para casa, ruiva? Não estou vendo o seu carro — ele diz, mudando de assunto.

— Eu vim com Ashley. Vou demorar um tempinho para voltar para casa, ela está se divertindo muito com Santiago — digo revirando os olhos.

— Você parece estar cansada, quer que eu te leve para casa? — como não respondo, o garoto continua. — Bem, eu não aceito "não" como resposta — ele diz, me lançando um belo sorriso sacana.

— Só se eu escolher a música — digo, lhe lançando o meu melhor sorriso.

Céus, esse garoto me enlouquece com sua beleza surpreendente. Matthew coloca Thomas no banco de trás de seu Mustang azul. Fico me perguntando quantos carros Matthew tem. Ele abre a porta do passageiro para eu entrar. Deslizo para dentro do carro, tentando esconder meu rubor do olhar intenso de Matthew. Ele é um daqueles caras que podem fazer você se sentir fraca com apenas um olhar. Não é apenas sua aparência; seu charme e inteligência são igualmente cativantes. Eu me pego sorrindo toda vez que estou perto dele.

Ele me alcança seu celular para eu escolher a música que vamos ouvir durante o caminho para casa. Enquanto percorro sua lista de reprodução, não posso deixar de sentir uma vibração no peito. Isso é como uma cena de um filme romântico. Não acredito que estou vivendo isso agora. Coloco minha música favorita da Taylor Swift, "Style", Thomas solta um grunhido e fala:

— Essa era a música favorita da minha ex-namorada. — Ele afunda a sua cabeça em suas mãos. Percebo como a música o deixou abalado.

— Ei, você está bem? Se quiser eu posso tirar a música — digo, enquanto respiro fundo. Não posso acreditar que a música tenha despertado emoções tão intensas nele.

— Sim, por favor — ele diz com lágrimas em seus olhos. Aceno com a cabeça em concordância e tiro a música. Escolho outra música aleatória e fico me perguntando o que aconteceu com Thomas e sua ex-namorada. Por que eles se separaram? Quero fazer todas essas perguntas a ele, mas não quero me intrometer.

Finalmente, Matthew liga o carro e o Mustang ronrona enquanto desliza pela estrada. O clima que antes estava suave e confortável agora está totalmente ao contrário. Depois de um tempo, que me parece a eternidade, chegamos à casa de Thomas. Saio do carro para que ele possa fazer o mesmo.

— Ei, mesmo que não sejamos tão próximos, saiba que pode contar comigo, caso queira desabafar — digo para Thomas, com um sorriso de canto.

— Obrigado — ele diz se afastando de nós. Entro novamente no carro, e percebo que Matthew estava nos observando. Enquanto nos afastamos da casa de Thomas, não consigo deixar de pensar no encontro estranho que acabamos de ter.

— Ei, o que você acha que aconteceu com Thomas e a sua ex? — pergunto, virando-me para ele.

Matthew leva um momento antes de responder.

— Eu não sei. — Eu o vejo ficar tenso. Acredito que ele está mais preocupado com Thomas do que eu.

— Eu só queria que ele se abrisse mais. Não é saudável manter as coisas dentro de si — digo, me virando para olhar para a estrada.

Matthew concorda com a cabeça e continuamos a dirigir em silêncio. Não posso deixar de pensar em como é importante ter um sistema de apoio em tempos difíceis. Mesmo que Thomas e eu não sejamos tão próximos, quero que ele saiba que sempre pode contar comigo se precisar conversar.

Quando estamos perto de casa, começo a entrar em pânico, não quero voltar para casa agora. Lorenzo e minha mãe são as últimas pessoas que quero ver agora.

— Está tudo bem? — Matthew me pergunta percebendo meu nervosismo.

— Sim, só não quero voltar para casa agora — digo olhando pela janela, rezando internamente para que ele não faça mais perguntas.

Quando entramos na garagem de Matthew, percebo que o Éden está especialmente bonito esta noite. A lua está brilhando sobre as árvores, lançando um brilho suave sobre tudo.

— Sei que pode parecer insensível da minha parte, mas por que você não quer ir para casa? — ele diz, olhando-me diretamente.

Eu o encaro por um tempo, rezando internamente para que ele apenas troque de assunto e pare de me fazer perguntas. Falar sobre minha mãe e Lorenzo nunca é um trabalho fácil para mim. Considerando tudo que aconteceu.

— Não quer me apresentar ao Éden? — eu digo, me desviando de sua pergunta.

Apesar de estar escuro, ainda consigo ver Matthew me encarando por alguns segundos, então ele molha seus lábios e finalmente volta a falar.

— Claro. E me desculpe pela insensibilidade. — Consigo ver o arrependimento estampado em seu tom de voz.

Ele pega em minha mão, e me guia para perto de um grande portão.

— Você tem certeza? O bosque é realmente escuro à noite, e não tem nenhuma iluminação a não ser a da lua — Matthew fala, e consigo ver a preocupação em sua voz.

— Tudo bem. Desde pequena, eu nunca tive medo do escuro — digo, tentando tranquilizá-lo. Matthew para, e me olha por um tempo, procurando algum sinal de que estou mentindo.

Quando chegamos ao portão, percebo como ele parece grandioso. É feito de mármore branco e esculpido com padrões complexos. Posso ver a vasta extensão de vegetação luxuriante lá dentro e mal posso esperar para explorá-la. Matthew abre para que nós possamos entrar no bosque.

Enquanto caminhamos pelo Éden, posso sentir o ar frio da noite se aproximando de mim. O som dos grilos cantando e o farfalhar das folhas sob nossos pés é a única coisa audível.

Não posso deixar de me sentir um pouco desconfortável, mas estar com Matthew de alguma forma me faz sentir protegida.

Quando adentramos o Éden, não pude deixar de sentir uma sensação de mal-estar. Eu tinha ouvido histórias de pessoas que se perdiam na floresta e nunca mais voltavam. As árvores se elevavam acima de nós, bloqueando o luar e lançando sombras sinistras no chão do bosque.

À medida que nos aprofundamos no Éden, meu coração disparou. Eu podia sentir minhas palmas ficando suadas enquanto eu me segurava no braço de Matthew. Eu sabia que deveria ter dito a ele que não queria fazer isso, mas não queria parecer covarde.

De repente, senti um arrepio percorrer minha espinha. Eu não conseguia me livrar da sensação de que estávamos sendo observados. Olhei de relance para Matthew e mesmo estando escuro ainda consegui ver a preocupação estampada em seu rosto.

Durante todo o caminho, eu e Matthew não trocamos uma palavra sequer, e não queria quebrar esse silêncio ensurdecedor falando que estou com medo de um bosque bobo.

Enquanto seguíamos pelo bosque, o farfalhar das folhas sob nossos pés só aumentava minha ansiedade. Eu podia sentir meu coração batendo mais rápido, mas não queria mostrar meu medo para Matthew. De repente, ele parou e se virou para mim. Seus olhos encontraram os meus e senti um súbito calor se espalhar pelo meu corpo.

Naquele momento, todas as minhas preocupações e medos desapareceram. Eu sabia que estava segura com ele. Quando ele se inclinou para mais perto, pude sentir sua respiração em meu rosto. Nossos lábios se encontraram e senti uma faísca acender entre nós. Era como se o mundo inteiro tivesse parado e fôssemos só nós dois.

O beijo foi gentil no início, mas depois se aprofundou, tornando-se mais apaixonado. Eu passei meus braços em volta do seu pescoço enquanto ele me puxava pela cintura para mais perto dele. Nossos corpos estavam pressionados um contra o outro, e eu podia sentir seu coração batendo no ritmo do meu. Foi como se as nossas almas se fundissem em um só momento.

Quando nos afastamos lentamente, não pude deixar de sorrir. O medo que eu sentia antes havia desaparecido, substituído por um sentimento de pura alegria. Eu odeio o Matthew e não tenho como negar isso. Mas acho que também gosto dele. Eu com certeza gosto muito dele.

Enquanto eu estava lá, os braços ainda em volta do pescoço dele, não pude deixar de me sentir em conflito. Como eu poderia odiar tanto alguém, mas sentir tanta paixão em um mero beijo? Era como se meu coração e minha mente estivessem em guerra. Parte de mim queria afastá-lo, correr o mais longe que pudesse de alguém que me causava tanto ódio.

Mas outra parte de mim queria ficar, sentir a onda de excitação que vinha de estar tão perto de alguém.

Eu nunca tinha me sentido assim antes, e isso me assustou, e ainda me assusta. Meus relacionamentos anteriores não eram nada disso — eles eram seguros, previsíveis e, em última análise, chatos. Mas com Matthew, mesmo que não tenhamos nada, nada está certo. Em um minuto eu estou cheia de raiva, e no próximo eu sou arrebatada por uma onda de desejo intenso.

Quando pensei nisso, me afastei de Matthew imediatamente.

Mas então, ao olhar nos olhos de Matthew, vi algo que nunca tinha visto antes. Era uma vulnerabilidade que espelhava a minha. Era como se ele estivesse travando uma batalha dentro de si, assim como eu. Naquele momento, toda a raiva e ódio que eu sentia por ele se dissiparam, e tudo o que pude ver foi um ser humano imperfeito, assim como eu.

Ao estender a mão para tocar seu rosto, percebi que estava correndo um risco. Mas também sabia que era um risco que valia a pena correr.

— Vou te levar para casa. Já é tarde — ele diz, segurando minha mão, para que ela permaneça em seu rosto. Nos encaramos por alguns momentos, mergulhando em um silêncio carregado de emoção. O ar parecia ficar mais denso ao nosso redor, como se o universo também estivesse ciente do que estava prestes a acontecer. Então, ele tomou a iniciativa e levou minha mão delicadamente até seus lábios, depositando um breve beijo que fez meu coração disparar.

A sensação do toque suave de seus lábios em minha pele foi arrebatadora. Um arrepio percorreu todo o meu corpo, enquanto nossas mãos se entrelaçaram naturalmente, como se já tivessem nascido destinadas a estarem juntas. Era como se aquele gesto simples, mas carregado de significado, selasse um pacto invisível entre nós.

Nossos olhos continuavam fixos um no outro, transmitindo uma conexão profunda e genuína. Não eram necessárias palavras para expressar o turbilhão de sentimentos que inundava nossos corações naquele momento. Era como se nossas almas estivessem se comunicando em um idioma único, além das barreiras do tempo e do espaço.

Aquele breve momento se prolongou, como se o tempo tivesse suspendido sua marcha para nos permitir saborear cada segundo daquele encontro mágico. A energia que emanava de nossas mãos entrelaçadas era intensa e reconfortante, como se estivéssemos protegidos por uma força maior.

Ainda com nossas mãos entrelaçadas, caminhamos até a minha casa. Quando finalmente chegamos, Matthew me dá um beijo de despedida em minha testa. O calor de sua respiração na minha pele me fez sentir segura e protegida. Enquanto ele se afastava, não pude deixar de sorrir ao pensar nele.

Ao abrir a porta de minha casa, parei por um momento para observar o ambiente familiar. Subi as escadas, entrei em meu quarto e fechei a porta atrás de mim. Eu não conseguia parar de pensar em Matthew enquanto me sentava na minha cama. Seu toque, seu sorriso e a maneira como ele me fazia sentir — era tudo novo e excitante. Eu nunca tinha me sentido assim antes. Meu coração estava disparado e eu não conseguia parar de sorrir.

Enquanto estava sentada ali perdida em meus pensamentos, percebi que estava me apaixonando por ele. Eu não conseguia explicar, mas havia algo nele que me atraiu. Eu senti que poderia ser eu mesma perto dele, e isso era algo que eu nunca tinha experimentado antes.

Peguei meu telefone e mandei uma mensagem para ele: "Obrigada por esta noite. Eu me diverti muito". Esperei ansiosamente por sua resposta e, quando ela veio, meu coração disparou. "Eu também. Mal posso esperar para vê-la novamente."

Eu não podia acreditar. Isso estava realmente acontecendo. Eu estava finalmente experimentando como era me apaixonar. Ao cair no sono, soube que havia encontrado alguém especial, alguém que me fez sentir viva.

CAPÍTULO 5

Uma semana depois.

Após o meu beijo com Matthew no Éden, as coisas entre nós evoluíram muito. Eu me pego constantemente pensando nele e imaginando seu sorriso. O friozinho na barriga parece ter se instalado permanentemente, e não consigo deixar de me sentir tonta toda vez que o vejo.

Mas ultimamente tem havido uma pequena reviravolta. Thomas, o melhor amigo de Matthew, de alguma forma conseguiu meu número. Não sei como ele conseguiu isso e, francamente, estou um pouco irritada com isso. Sinto que minha privacidade foi invadida e não posso deixar de me perguntar quais são as intenções dele.

No geral, estou me sentindo um pouco em conflito. Por um lado, estou louca por Matthew e mal posso esperar para passar mais tempo com ele. Por outro lado, a intrusão de Thomas na minha vida pessoal está me deixando um pouco desconfortável. Entretanto, não consigo me livrar da sensação de que ele pode estar tentando se colocar entre mim e Matthew.

Sempre fui muito cautelosa com novas pessoas entrando em minha vida, especialmente quando se trata de aspectos amorosos.

Apesar das minhas reservas, decidi aceitar o convite de Matthew para passarmos algum tempo juntos. Ele mencionou que conhecia um lugar lindo com um lago e não resisti à tentação de vê-lo. Afinal, passar um tempo na natureza é sempre uma boa ideia, e um pouco de ar fresco seria útil para clarear a cabeça. Combinamos de nos encontrar em uma cafeteria próxima e eu estava animada e nervosa ao mesmo tempo. Eu mal podia esperar para vê-lo novamente, mas também estava preocupada com a possibilidade de Thomas aparecer e arruinar nosso encontro. No entanto, tentei deixar esses pensamentos de lado e focar o momento presente. Quando Matthew chegou, ele me cumprimentou com um sorriso caloroso e um abraço. Não pude deixar de sentir uma pequena vibração no estômago. Ele parecia genuinamente feliz em me ver, e isso me fez sentir especial.

Entramos no carro dele e ele nos levou até o lugar que tinha em mente. À medida que nos aproximávamos, pude ver o lago ao longe e parecia deslumbrante. A água era cristalina e as árvores ao redor eram vibrantes com diferentes tons de verde. Senti meu coração disparar de excitação quando saímos do carro e caminhamos em direção ao lago. Matthew trouxe uma toalha de piquenique e um pouco de comida, e nos sentamos para apreciar a vista. Era tão pacífico e tranquilo, apenas com o som dos pássaros cantando e o suave farfalhar das folhas. Conversamos sobre tudo e mais alguma coisa, compartilhando histórias e rindo juntos. Senti uma conexão crescendo entre nós, e era uma sensação que não experimentava há muito tempo.

Depois que terminamos de comer, Matthew sugeriu que fôssemos nadar. Hesitei no início, sem saber se me sentia confortável com a ideia, mas ele ficou tão entusiasmado que não pude resistir. Nós nos despimos e ficamos apenas com nossos trajes de banho e pulamos na água fria. Foi revigorante e refrescante, e brincamos como crianças. Eu me sentia despreocupada e viva, e pude ver que Matthew estava se sentindo da mesma maneira. Foi um momento lindo, que eu nunca esquecerei.

Matthew se aproxima lentamente de mim, com suas mãos grandes e firmes em minha cintura. Ele olha para os meus olhos, como se fossem os únicos que quisesse olhar, como se eu fosse uma obra de arte, exposta em um museu. Ele me toca com tanta delicadeza como se tivesse medo que eu quebrasse. Ele cola seus lábios nos meus, e pede permissão com a língua, eu assinto e ele invade a minha boca, e explora todos os lugares da minha boca. De repente, o beijo lento e apaixonado se torna um beijo selvagem e cheio de desejo. E todo o frio que percorria o meu corpo, por conta da temperatura da água, se esvai com o toque de Matthew. Ele enrosca seus dedos em meu cabelo, e puxa de leve, e com a sua mão livre ele percorre todas as minhas curvas, e para em minha coxa. Eu gemo contra sua boca, e seu celular destrói o clima. Ele se afasta e vai em direção ao seu telefone.

— Me desculpe, é minha mãe. Preciso atender — ele diz, se afastando para ter mais privacidade. Observo enquanto ele se afasta, sentindo-me ao mesmo tempo desapontada e aliviada com a interrupção. Era muito cedo para as coisas esquentarem entre nós. Respiro fundo e saio da água, sentindo as gotas de água caindo em cascatas pelo meu corpo no ar frio. Enquanto me visto, me sinto observada, mas ignoro essa sensação.

Quando termino de me vestir, noto Thomas se aproximando de mim.

— Ei, como você está? — ele diz, com os olhos fixos nos meus.

— Estou bem, e você? — digo olhando para o lago, evitando contato visual. Vou mesmo ter que lidar com essa praga aqui?

— Sim... — ele diz meio nervoso, e me pergunto se está tudo bem. — Bem... Tome cuidado com Matthew. Você é uma pessoa ótima, e bem, Matthew é... Matthew. Quer dizer, ele é um Meyer — ele continua. Sinto meu coração disparar assim que Thomas fala de Matthew.

Honestamente nem sei muito sobre os Meyers, e nem sei se estou interessada em saber mais. Não entendo o porquê de

Thomas estar falando isso para mim. Talvez ele esteja com ciúmes? Céus, claro que não, Lilith. Se controle, mulher. Mas, tenho que admitir, Thomas é lindo. Mas então Matthew aparece com seu queixo afiado e olhos azuis brilhantes e de repente estou completamente sob seu feitiço. É como se eu não pudesse resistir a ele. Vejo que Thomas está olhando para um ponto fixo atrás de mim. Ele se aproxima, abaixa e pega algo no chão.

— Lili, esse não é o seu colar? — ele diz, vindo em minha direção. Sinto um nó se formar na minha garganta enquanto olho para o colar em sua mão. É verdade, é meu. Eu o perdi enquanto nadava. Pego o colar de Thomas e seguro-o firmemente na mão. Minha mente volta para quando o recebi da minha mãe. E automaticamente meus pensamentos se voltam para meu pai. Minha mãe disse-me quando me entregou que era algo de gerações. Este colar tem sido uma fonte constante de conforto para mim e me ajudou a superar alguns momentos difíceis, com ele, não me sinto tão sozinha. Eu agradeço a Thomas com um abraço, e ele vai embora.

Olho para todos os lados, em busca de Matthew, mas não o encontro em lugar algum. De repente, ouço passos atrás de mim. Eu me viro e vejo Matthew andando em minha direção com uma carranca no rosto. Meu coração dispara enquanto tento pensar por que ele estaria tão chateado. Quando ele me alcança, ele diz:

— Vamos, eu vou te levar para casa. — Antes que eu pudesse responder, ele agarra meu braço e me puxa em sua direção. — Eu não posso acreditar que você usaria o colar dele. — Ele ferve, seus olhos ardendo de ciúme. Confusa, eu me afasto dele.

— Do que você está falando? É meu. O perdi enquanto nadava.

— Sim, certo. Eu sei que é dele. Eu o vi dar para você — ele zomba. Eu olho para ele em estado de choque. Por que ele está com tanto ciúme por causa de um simples colar? Enquanto tento explicar a verdade para ele, ele me interrompe:

— Esqueça. Vou te levar para casa. — Me sentindo frustrada e magoada, eu o sigo em silêncio enquanto ele me leva para fora do parque. Quando chegamos em seu carro, mesmo ele estando frustrado comigo, ele gentilmente abre a porta para que eu entre. O silêncio que se seguiu foi ensurdecedor. Eu me sinto confusa e desorientada, estou desesperadamente tentando entender como o meu colar poderia ter desencadeado tanta irritação em Matthew.

Ao decorrer do caminho de volta para casa, a tensão paira no ar, e eu estou me sentindo como se estivesse caminhando em uma corda bamba. Cada pequeno movimento ou palavra parece potencialmente perigoso, e eu estou com medo de dizer algo que pode piorar as coisas.

Depois de um tempo, que para mim parecia a eternidade, finalmente chegamos ao Éden. Matthew quebra o silêncio de repente.

— Me desculpe pela minha reação exagerada. É que eu tenho medo de perder você... Apesar do pouco tempo que passamos juntos, sinto que nos conhecemos há séculos. E você apareceu do nada, e eu me apaixonei por você. E em pouco tempo, você se tornou a minha pessoa favorita — ele diz tudo isso baixinho, como se tivesse medo que eu o rejeitasse. Eu me sinto completamente extasiada, como se meu coração fosse explodir de felicidade.

Cada palavra que ele diz toca profundamente minha alma, e eu percebo que também me apaixonei por ele. É uma sensação indescritível de conexão e plenitude, como se finalmente tivesse encontrado minha outra metade. Enquanto olhávamos um para o outro, eu senti uma onda de emoção me invadir. Eu queria abraçá-lo e beijá-lo, mas algo me segurava.

Talvez fosse o medo de que as coisas não fossem tão simples como estavam parecendo.

Mas então, sem pensar muito, me inclinei em sua direção e pressionei meus lábios contra os dele. Foi um beijo intenso e apaixonado, cheio de emoção e desejo. O beijo se aprofunda ainda mais, enquanto nossos corpos se aproximam cada vez mais. Tudo ao nosso redor parece desaparecer, e só sobra o amor que sentimos um pelo outro.

À medida que nos afastamos um do outro, nossos olhos se encontraram novamente. Eu podia ver a sinceridade e a ternura em seu olhar, e soube que estávamos no caminho certo. Eu estava extasiada enquanto saía do carro de Matthew e caminhava em direção à minha casa. A sensação do beijo que compartilhamos ainda estava fresca em minha mente, fazendo meu coração bater descompassado dentro do peito. Aquele momento havia sido mágico, transcendendo qualquer expectativa que eu pudesse ter.

Enquanto subia os degraus até a porta de casa, sentia um sorriso bobo se formar em meus lábios. A paixão que nos envolveu naquele beijo era algo que eu nunca havia experimentado antes. Era uma mistura de intensidade, emoção e desejo, tudo ao mesmo tempo.

Ao abrir a porta e adentrar meu lar, o silêncio da casa me envolveu, contrastando com a turbulência de sentimentos que tomava conta de mim. Caminhei pelo corredor, ainda sentindo a presença de Matthew em cada centímetro do meu ser. Suas mãos firmes em minha cintura, nossos corpos se aproximando cada vez mais, o calor do seu abraço... Tudo parecia tão real e vívido.

Enquanto me dirigia ao quarto, lembrei-me do momento em que nos afastamos. Nossos olhares se encontraram novamente, e percebi a sinceridade e ternura em seus olhos. Era como se estivéssemos no caminho certo, trilhando juntos uma jornada de amor e descobertas.

Sentada na beira da cama, fechei os olhos e revivi cada detalhe daquele beijo. Cada toque, cada suspiro, cada sentimento que transbordou em nosso encontro. Era como se o mundo ao nosso redor tivesse desaparecido naquele momento, deixando apenas o amor que sentíamos um pelo outro.

Envolvida em meu próprio devaneio, senti-me grata por ter encontrado alguém tão especial como Matthew. Aquele beijo havia sido apenas o começo de uma história que prometia ser repleta de momentos inesquecíveis e sentimentos profundos.

Deitada na cama, fechei os olhos e sorri, sabendo que cada vez que eu retornasse àquele momento em minha memória, poderia reviver o amor que senti naquele instante. De repente, meu celular tocou, interrompendo meus devaneios românticos. Ao verificar a tela, percebi que era o Ronan, meu melhor amigo. Fiquei curiosa para saber o motivo da ligação, afinal ele raramente me chamava por telefone.

Ronan e eu tínhamos uma amizade única, daquelas que resistem ao tempo e às adversidades. Conhecíamos um ao outro desde a infância e compartilhávamos momentos inesquecíveis. Ele sempre esteve ao meu lado, nos bons e nos maus momentos, e eu me sentia abençoada por tê-lo como amigo.

Enquanto eu ainda me recuperava do último relacionamento fracassado, Ronan sempre esteve presente, oferecendo seu ombro amigo e palavras de encorajamento. Ele sempre conheceu o meu coração como ninguém mais, e sabia exatamente como me fazer sorrir mesmo nos momentos mais sombrios.

— Ei, sweetheart. Estou te ligando para dizer que estou com saudades. Você não quer ir tomar um café comigo no "Café Apolo"? — Ao receber o convite para tomar um café, senti uma mistura de curiosidade e excitação. Ronan sempre teve um jeito especial de me surpreender, e eu sabia que aquele encontro seria mais um daqueles momentos que ficariam gravados na minha memória.

— Você sabe que eu quero! Até daqui a pouco — eu disse, e desliguei meu telefone. Enquanto me arrumava para sair, percebi que minha mente continuava voltando para Matthew. Seus lindos olhos azuis. Seu belo sorriso sacana... Foco, Lilith!

Terminei de me arrumar, e fui em direção ao meu carro. Dirigi em direção ao café, e quando finalmente cheguei, encontrei Ronan sentado em uma mesa próxima à janela, sorrindo ao me ver. Senti meu coração se encher de alegria ao perceber que havia uma cumplicidade entre nós que ia além da amizade. Nós somos almas gêmeas.

Sentamos e começamos a conversar, relembrando histórias engraçadas e compartilhando nossos sonhos e planos para o futuro. Ronan sempre tinha uma maneira única de me fazer sentir especial, como se eu fosse a pessoa mais importante do mundo.

— Bem... Acho que precisamos conversar sobre uma coisa... — ele diz isso de forma séria, e eu fico tensa.

— Claro, o que foi? — Ele respira fundo antes de responder, como se estivesse escolhendo cuidadosamente as palavras.

— Eu pensei muito sobre a nossa última conversa, e bem, eu tenho um mecânico de confiança e tudo organizado para criar a nossa nova gangue — ele diz com um brilho de empolgação nos olhos.

Fico surpresa com a revelação e ao mesmo tempo animada com a possibilidade de realizar algo tão emocionante ao lado de Ronan. A adrenalina corre pelas minhas veias enquanto tento processar essa ideia. Fui tecnicamente expulsa dos "Midnight Serpents" e a ideia de parar de correr partiu meu coração.

— Isso é incrível, Ronan! — exclamo, empolgada. — Sempre soube que tínhamos uma conexão especial, mas criar uma gangue de racha juntos? Isso é épico!

Ronan sorri, satisfeito com minha reação.

— Sim, eu também acredito que somos uma dupla imbatível. Com o seu talento para dirigir e a nossa paixão por carros, tenho certeza de que seremos os melhores nas pistas. E com o meu mecânico, podemos garantir que nossos veículos estejam sempre em perfeitas condições — ele diz com determinação. Não tenho ideia de quem seja o seu mecânico, mas tenho certeza que ele não se iguala ao Santiago.

— Conte comigo, Ronan. Se essa é a nossa próxima aventura, estou pronta para encará-la de frente. Vamos mostrar a todos do que somos capazes.

Ele segura minha mão com carinho e olha nos meus olhos.

— Você é incrível, sweetheart. Juntos, vamos dominar as pistas e deixar nossa marca no mundo das corridas ilegais, a mesma marca que você deixou no México.

Sinto um arrepio percorrer minha espinha enquanto a empolgação toma conta de mim. Estamos prestes a embarcar em uma jornada cheia de adrenalina e desafios, mas sei que com Ronan ao meu lado, nada pode nos deter. Estamos prontos para criar uma nova gangue de racha e mostrar a todos do que somos capazes.

— O nome da gangue pode ser: "Rampant Adrenaline" — ele revela com um sorriso. Juntos, vamos levar nossas habilidades ao limite, desafiando as ruas e conquistando respeito no mundo das corridas clandestinas.

No entanto, a noite vai chegando e a realidade se faz presente. Amanhã tenho aula e preciso me despedir de Ronan.

Enquanto caminho em direção ao meu carro, as luzes da cidade começam a brilhar, iluminando o caminho para casa.

Ainda posso sentir a adrenalina correndo nas minhas veias, mas a responsabilidade me chama. Amanhã, as aulas esperam por mim e não posso me dar ao luxo de ficar acordada até tarde.

Entro em meu carro e ligo o motor. Sigo em direção à estrada, adentrando a calmaria da noite. Amanhã, estarei de volta à minha rotina de estudante, aprendendo e me preparando para um futuro promissor.

No caminho para casa, tenho a sensação de que algo incrível está começando em nossas vidas. A adrenalina ainda percorre minhas veias, e mal posso esperar para ver o que o futuro reserva para nós e para nossa gangue: "Rampant Adrenaline". Esta noite foi apenas o começo, e estou ansiosa para enfrentar todos os desafios que virão pela frente.

Chego em casa e me preparo para dormir, é hora de descansar e recarregar as energias para enfrentar as obrigações do dia seguinte.

Após chegar em casa, eu fiz uma refeição, tomei banho e deitei-me na cama para dormir, sabendo que amanhã será um novo dia cheio de responsabilidades acadêmicas. Mas, no fundo, sei que essa vida de racha e aventuras nas ruas sempre estará presente em meu coração. E quando a noite cair novamente, estarei pronta para mais uma dose de adrenalina ao lado de Ronan e nossa gangue.

(...)

Hoje, estou na escola, cumprindo minhas obrigações acadêmicas como sempre. A rotina de estudos e compromissos é algo que faço questão de seguir à risca, pois sei que é necessário para alcançar meus objetivos futuros.

Enquanto eu guardava alguns livros em meu armário, Ashley se aproximou de mim com um sorriso travesso no rosto.

Ela tinha aquele olhar que eu conhecia tão bem, que significava apenas uma coisa: convite para uma festa. Ashley realmente não consegue viver sem ir a festas todas as semanas.

— Ei! Eu estava pensando... Que tal nós fazermos uma festa do pijama? Eu, você e James — ela diz de uma forma tentadora, e não consigo dizer negar a sua proposta. Aceito o convite de Ashley para a festa, sabendo que será mais uma noite repleta de risadas, música alta e momentos inesquecíveis. Afinal, a vida é feita de equilíbrio, e essa é a minha forma de fugir da rotina e alimentar minha alma aventureira.

Mal posso esperar para me juntar a Ashley e James, deixando para trás por algumas horas o mundo das obrigações e responsabilidades. A festa será o momento perfeito para soltar todas as amarras e aproveitar a vida ao máximo, sabendo que o amanhã trará novos desafios.

Chego em casa e me deparo com minha mãe e Lorenzo brigando. Observo a discussão com preocupação, mas decido não me envolver e me lembro de que a festa será uma oportunidade para escapar dessas tensões familiares.

Subo para o meu quarto para preparar minhas coisas para a festa de pijama de Ashley. Terminei de arrumar minhas coisas.

Animada com o dia ensolarado, saí de casa e caminhei até o meu carro. Enquanto dirigia, deixei as janelas abertas para sentir a brisa suave acariciar meu rosto. Coloquei minha música favorita, "Riptide" do Vance Joy, e cantei animadamente durante todo o trajeto até a casa de Ashley.

Chegando à casa de Ashley, fui recebida com um abraço caloroso e um sorriso radiante. James já estava lá, ansioso pela noite divertida que nos aguardava. Decidimos que seria divertido escolher nossos pijamas juntos e fazer uma pequena sessão de fotos antes de nos trocarmos.

Com muitas risadas e poses engraçadas, registramos momentos preciosos enquanto escolhemos nossos pijamas favoritos. Depois das fotos, corremos para os quartos para nos trocar e voltamos para a sala, prontos para começar a festa de pijama.

A noite estava apenas começando e mal podíamos esperar para aproveitar cada momento juntos.

Enquanto assistimos "Harry Potter e o Enigma do Príncipe" meu celular começou a tocar.

— Porra, desliga isso aí, Lilith! — James exclamou enquanto jogava uma almofada em mim. Ashley riu da reação de James. Dou uma olhada para a tela do meu celular, e vejo que Thomas está me ligando. Me pergunto o que aconteceu, já que ele nunca me liga.

— Eu já volto. Preciso atender — eu disse caminhando em direção à cozinha.

Curiosa, atendi o telefone e percebi que ele estava um pouco alterado. Sua voz estava embargada e suas palavras eram confusas. Perguntei o que havia acontecido e ele começou a desabafar sobre seus problemas pessoais e como estava se sentindo perdido ultimamente. Fiquei preocupada com ele, mas também me senti um pouco desconfortável com a situação.

— Ster... — ele disse em meio a soluços antes de desligar o telefone. Fiquei intrigada, me perguntando quem seria Ster e qual seria a relação entre eles. Minha mente estava cheia de perguntas enquanto tentava entender melhor a situação e pensar em como poderia oferecer apoio.

— Lili! Você vai perder a morte do Dumbledore! — Ashley diz gritando da sala. Balanço a cabeça e volto para continuar assistindo ao filme.

Após o filme, decidimos fazer um intervalo para um lanche da meia-noite. Rimos e conversamos sobre nossas partes favoritas do filme enquanto devoramos guloseimas deliciosas.

Depois do lanche, decidimos fazer uma sessão de jogos de tabuleiro para continuar a diversão. Rimos alto, competimos animadamente e aproveitamos cada momento da festa do pijama. A noite estava apenas começando e sabíamos que ainda tínhamos muita diversão pela frente.

Enquanto jogamos nossos jogos de tabuleiro favoritos, a energia da sala estava contagiante. Risadas e brincadeiras preenchiam o ambiente, reforçando ainda mais os laços de amizade entre nós.

A cada jogada, a cada estratégia pensada e a cada vitória comemorada, sentíamos uma conexão especial. Era uma noite de pura diversão e cumplicidade, onde nos permitimos sermos nós mesmos sem julgamentos.

A festa do pijama se estendeu até altas horas da madrugada, mas o cansaço não diminuiu a alegria que sentíamos. Desejamos uma boa noite para todos e fomos até os quartos de hóspedes para dormir.

Enquanto eu me preparava para dormir, não pude deixar de pensar na ligação de Thomas e a misteriosa Ster. Prometi a mim mesma que investigaria mais sobre isso no dia seguinte, determinada em descobrir quem é ela.

Enquanto fechava os olhos, senti gratidão por aquela noite incrível com Ashley e James. Eles eram verdadeiros tesouros em minha vida, e juntos enfrentaremos qualquer desafio que vier pela frente.

Ao acordar mais cedo que os outros, fui recebida por um amanhecer deslumbrante, com o sol pintando o céu em tons de laranja e rosa. A brisa suave acariciava meu rosto enquanto eu me preparava para o dia.

Vesti uma roupa confortável, composta por uma camiseta e jeans. Antes de sair, deixei um bilhete para Ashley e James explicando que precisava voltar para casa. Havia algo urgente que eu precisava resolver.

Ao chegar em casa, meu coração se apertou de frustração ao ver Lorenzo embriagado e caído no sofá da sala. Uma raiva intensa tomou conta de mim. A raiva que eu sentia por ele era insuportável, e eu não via a hora de sair daquela casa tóxica. Entretanto, eu decidi ignorar aquela situação por enquanto.

Deixei minha raiva de lado e fui direto para o meu quarto. Lá, eu me sentei em frente ao computador e comecei a investigar quem era Ster. Era hora de descobrir quem é ela.

Comecei pesquisando nas redes sociais, mas não encontrei nenhuma pista sobre Ster. Fiquei frustrada por não descobrir mais informações e decidi que precisaria buscar outras formas para encontrar algo sobre ela.

Foi aí que uma luzinha acendeu em minha cabeça e eu decidi ligar para Ronan. Após discar o número, esperei ansiosamente enquanto o telefone chamava. Finalmente, a voz familiar de Ronan ecoou do outro lado da linha. "Sweetheart?", ele disse surpreso e animado.

Nunca telefono para Ronan, geralmente digo para nos encontrarmos em algum lugar para conversarmos pessoalmente.

Ao ouvir a voz de Ronan do outro lado da linha, senti um misto de alívio e empolgação. Expliquei a ele minha frustração em não encontrar informações sobre Ster nas redes sociais e pedi sua ajuda para buscar em outros lugares. Ronan foi solícito e concordou em me auxiliar nessa busca.

Conversamos por horas a fio, enquanto Ronan me explicava as diferentes técnicas e ferramentas que poderíamos utilizar para encontrar pistas sobre Ster. Ele me ensinou sobre rastreamento de IP, busca por informações em bancos de dados e até mesmo sobre invasões em sistemas seguros.

Com Ronan ao meu lado, senti uma nova esperança surgir. Sabia que agora tínhamos as ferramentas necessárias para desvendar o mistério em torno de Ster. Ronan era o parceiro perfeito para essa missão, com sua habilidade em hackear e minha determinação em descobrir a verdade.

A partir daquele momento, nossa busca por Ster se intensificou. Juntos, mergulhamos em um mundo de códigos, algoritmos e criptografia. A cada nova descoberta, nossa empolgação aumentava e nosso vínculo de amizade se fortalecia.

Ainda não sabemos onde Ster está ou o motivo de sua ausência nas redes sociais, mas estamos determinados a encontrá-la. Com a ajuda de Ronan, tenho certeza de que chegaremos mais perto de desvendar esse enigma e trazer Ster de volta para nossas vidas. A aventura está apenas começando.

Depois de um tempo vasculhando, decidi ir até a casa de Ronan. Ao chegar lá, fui recebida com um sorriso caloroso.

— Acho que seria bom nós pararmos um pouco — eu disse-lhe entregando um copo de café que comprei no caminho.

— Obrigado. Eu estou bem, posso continuar.

Adentramos seu quarto, repleto de telas de computadores e cabos interligados. Era evidente que Ronan levava a sério seu trabalho como hacker. Sentamos em frente às telas e começamos a pesquisar sobre Ster. No entanto, mesmo com toda a habilidade de Ronan, não obtivemos resultados concretos.

Passamos horas e horas investigando sobre Ster, mas até agora não obtivemos resultados significativos. Estamos dispostos a ficar até tarde da noite se for preciso, pois não descansaremos enquanto não descobrirmos o paradeiro dela.

Ronan, nosso habilidoso hacker, tem sido essencial nessa busca. Com suas habilidades e conhecimentos em tecnologia, ele tem nos guiado pelo mundo virtual, vasculhando cada canto da internet em busca de pistas que possam nos levar até Ster.

É incrível como a tecnologia nos permite desbravar caminhos antes desconhecidos. Ronan utiliza suas habilidades para acessar informações sigilosas, rastrear IPs e até mesmo invadir sistemas de segurança, tudo com o objetivo de encontrar Ster e trazê-la de volta para Thomas.

Passamos mais horas e horas mergulhados em códigos, rastreamentos e investigações virtuais, mas o mistério em torno da ausência de Ster permanecia. Ronan não estava disposto a desistir tão facilmente, e eu também não. Juntos, estávamos determinados a encontrar Ster.

A noite avançava e as horas pareciam voar enquanto continuávamos a busca incansável. Ronan era um aliado valioso, sua experiência como hacker e sua dedicação eram inestimáveis. Mesmo sem sucesso até o momento, eu sabia que estávamos mais próximos de desvendar esse enigma.

Enquanto a madrugada se aproximava, nossa determinação só aumentava. Prometemos a nós mesmos que não pararemos até encontrar algum rastro da Ster.

A aventura estava apenas começando, e eu sentia que estávamos cada vez mais próximos de descobrir a verdade.

Mesmo depois de várias xícaras de café, não consegui encontrar absolutamente nada sobre Ster. É frustrante perceber que não há informações disponíveis sobre essa pessoa. Parece que ela é um fantasma, sem rastros ou registros em qualquer lugar.

Enquanto mergulhava na minha busca incessante por informações, a madrugada chegou sorrateiramente. Os ponteiros do relógio pareciam se mover mais devagar a cada minuto que passava. A sensação de cansaço começou a tomar conta do meu corpo, mas eu não podia desistir.

— Volte para casa, está tarde. Amanhã nós continuaremos — Ronan me disse, claramente exausto, mas com um sorriso em seu rosto.

Nós nos despedimos e fui em direção ao meu carro. A escuridão da noite me envolvia enquanto eu dirigia pelas ruas vazias, pensando em tudo o que havia feito para tentar desvendar esse mistério.

A falta de informações sobre Ster apenas aumentava minha curiosidade e vontade de descobrir quem ela é e qual é a sua história. Mas, por mais que eu tenha me esforçado, parece que essa busca está fadada a ser infrutífera. Talvez Ster seja apenas um nome fictício, uma pessoa que não deseja ser encontrada ou simplesmente não exista. Quer dizer, Thomas me disse o nome dela enquanto estava bêbado.

Enquanto volto para casa, minha mente continua a pensar em todas as possibilidades. Será que Ster é uma pessoa real ou apenas uma criação da imaginação de Thomas? Será que ela está tentando se esconder ou simplesmente não quer ser encontrada? Será que ela mudou de nome? Será que ela forjou sua própria morte? São perguntas que ecoam em minha mente enquanto a madrugada avança.

Chegando em casa, sinto o cansaço tomar conta do meu corpo. Deito-me na cama e fecho os olhos, tentando afastar todas as dúvidas e incertezas que me assombram. Amanhã é um novo dia e talvez eu encontre novas pistas ou informações sobre Ster. Por enquanto, resta-me esperar e continuar minha busca incansável por respostas.

CAPÍTULO 6

Eu acordo com o sol brilhando através das cortinas, iluminando suavemente o quarto. Me sento na cama e pego meu celular, discando o número do Matthew. Ele é o melhor amigo de Thomas, sendo assim, provavelmente sabe algo sobre Ster.

— Oi, Matthew! Sabe quem é a Ster? — pergunto, curiosa, assim que ele atende o telefone.

— Desculpa, ruiva, não conheço nenhuma Ster. Não posso te ajudar dessa vez. Mas sinto sua falta e adoraria sair com você novamente — ele responde. Sinto borboletas no estômago ouvindo a sua voz ainda dormente.

Enquanto ele fala, um flashback invade minha mente. Lembro-me claramente do dia em que nos encontramos no cemitério. Naquele momento, vi uma foto antiga de uma menina loira segurando um coelho. Eu agradeço a ele, e digo que também estou com saudades de sua companhia.

Desligo o telefone decidida. Sinto que preciso ir até o cemitério.

Saio de casa e me deparo com um sábado de manhã ensolarado e sereno. O céu está azul e sem nuvens, enquanto uma brisa suave acaricia meu rosto. O aroma das flores selvagens perfuma o ar. Caminho até o carro e dirijo em direção ao cemitério.

Dirijo pelas ruas tranquilas, aproveitando a solidão da manhã do fim de semana. As árvores estão cheias de folhas verdes vibrantes e os pássaros cantam melodias alegres em harmonia.

Finalmente, chego ao cemitério. Os portões se abrem suavemente quando eu os empurro e entro. A luz do sol atravessa as árvores altas, criando padrões sombreados no chão.

Assim que adentro o cemitério, uma saudade avassaladora do meu pai invade minha alma, caminho em direção ao seu túmulo com os olhos marejados de lágrimas e o coração apertado pela dor da perda. Entretanto, durante o percurso eu me deparo com uma sepultura adornada por flores frescas e coloridas.

Curiosa, sigo lendo os nomes das lápides, até que meus olhos encontram o nome "Ster Meyer".

A princípio, a surpresa me toma de assalto, pois Matthew havia dito que não conhecia nenhuma Ster. Mas logo a tristeza me invade, pois percebo que ele mentiu para mim. A confiança é abalada e as lágrimas começam a escorrer silenciosamente por meu rosto, misturando-se à saudade que já consumia meu ser.

Eu sinto meu coração se partir. Se Matthew mentiu para mim sobre algo tão simples como sua irmã mais nova, o que mais ele poderia ter mentido para mim? Todos os momentos que passamos juntos não significaram nada para ele? Aquela declaração no Éden foi real? São perguntas que ficam ecoando pela minha mente, e as respostas me assombram.

Assim que minhas lágrimas começam a escorrer com mais força, o vento parece acompanhar minha tristeza. O clima no cemitério fica tenso, como se até a natureza sentisse a dor que carrego no peito. Decido que é melhor ir embora, caminhando em direção ao meu carro com passos pesados.

Enquanto dirijo de volta para casa, percebo que o dia, que antes parecia tão promissor, se transforma repentinamente em um cenário sombrio. As nuvens cinzentas encobrem o céu azul, e o sol desaparece por trás delas, deixando tudo cinza e melancólico.

As lágrimas continuam a rolar pelo meu rosto sem cessar. Cada gota salgada é um lembrete doloroso da perda irreparável que sofri, e do quanto estou chateada com Matthew. O volante em minhas mãos parece frágil e frio, incapaz de me oferecer qualquer consolo.

Sinto uma mistura de raiva e tristeza percorrer minhas veias. A sensação de impotência me consome enquanto penso na injustiça da vida. Sem pensar duas vezes, piso fundo no acelerador do carro com toda a minha força, como se quisesse fugir da dor que me consome.

No entanto, por mais rápido que eu vá, sei que não posso escapar da minha própria dor. Eu posso fugir de tudo, menos de mim mesma. A estrada à minha frente se estende infinitamente, assim como o caminho da minha cura. Neste momento sombrio, só me resta seguir em frente, um passo de cada vez, na esperança de encontrar um pouco de paz no meio dessa tempestade emocional.

Ao chegar em casa, sem dizer uma palavra sequer, vou direto para o meu quarto. O silêncio envolve cada centímetro do ambiente, enquanto me jogo na cama e abraço o travesseiro com força. Choro compulsivamente, deixando todas as emoções contidas se libertarem em soluços angustiantes.

Viro-me na minha cama, olhando para o teto. Tenho lágrimas em meus olhos, estou tentando ser forte, mas é difícil. Eu, honestamente, não consigo mais confiar em Matthew.

Aparenta que ele arrancou meu coração, apenas para me mostrar que ele realmente bate, e em seguida ele o jogou fora. Até porque é disso que o amor se trata, não é?

Eu me encontrava deitada na cama, com os olhos inchados e vermelhos de tanto chorar. Cada lágrima que caía era uma expressão da minha tristeza profunda. A exaustão emocional me dominou, e acabei adormecendo.

Fui despertada por batidas na porta do meu quarto. Com um suspiro resignado, respondi que poderiam entrar. Minha mãe entrou no quarto com um sorriso falso no rosto e um ar de superioridade; desde que ela se casou com Lorenzo, ela se tornou essa mulher que eu não reconheço mais.

— Lilith, querida, eu decidi fazer um jantar em família hoje à noite. Seremos eu, você, Lorenzo e Caym — anunciou minha mãe com um tom de voz forçadamente animado.

— Quem é Caym? — perguntei, confusa.

— Caym é o irmão do Lorenzo — minha mãe sorriu ainda mais ao responder.

"Nós nem somos uma família de verdade"; o protesto passou pela minha cabeça, sentindo meu ressentimento em relação a Lorenzo crescer ainda mais. Eu não conseguia entender por que minha mãe insistia tanto em nos forçar a ficarmos todos juntos. Eu sabia que ela havia superado a morte do meu pai, mas a ideia de outra pessoa tomar o lugar dele me deixou mal do estômago.

— Apenas vista-se — ela disse, ignorando meu comentário.

A notícia do jantar em família só fez aumentar meu ressentimento em relação a Lorenzo. Eu o odiava intensamente, desde o dia em que ele entrou na vida da minha mãe e tentou tomar o lugar do meu pai. Ele era insuportável, sempre tentando ser o centro das atenções e se intrometendo onde não era chamado.

Revirei os olhos e deixei escapar um suspiro frustrado. Aquela família que minha mãe estava tentando construir era tudo o que eu não queria. Eu preferia mil vezes estar sozinha do que ter que compartilhar momentos com pessoas pelas quais nutria tanto desprezo.

Com relutância, levantei-me da cama e segui para o banheiro. Enquanto lavava o rosto, tentei encontrar forças para encarar aquela noite indesejada. Sabia que seria um desafio me comportar educadamente diante de Lorenzo, mas eu faria o possível para evitar conflitos.

Engoli meu orgulho e me preparei para o jantar em família, mesmo que isso significasse ter que suportar a presença irritante de Lorenzo. Eu sabia que era uma batalha perdida, mas estava disposta a enfrentá-la, mesmo que fosse apenas para mostrar à minha mãe o quanto eu odiava aquela situação toda.

Relutantemente, fui até a mesa de jantar, onde Lorenzo e Caym já estavam sentados. Quando me sentei, Caym me deu um pequeno aceno de reconhecimento. Caym é um homem alto, tem cabelos castanhos e olhos profundos e misteriosos, como se escondesse segredos insondáveis.

Caym é um homem sombrio.

Durante o jantar, tentei manter distância e evitar conversas desnecessárias, mas Lorenzo tinha outros planos. Ele continuou tentando me envolver em conversas e fazendo piadas que eu achava tudo menos engraçadas. Eu podia sentir minha irritação crescendo a cada segundo que passava. Mas, em vez de deixar que isso me consumisse, respirei fundo e me lembrei de que precisava ser civilizada. Minha mãe estava dando o melhor de si para construir uma nova família, e eu não podia permitir que meu ressentimento em relação a Lorenzo arruinasse minha vida.

Durante aquele jantar monótono, eu estava perdida em meus pensamentos quando, de repente, ouvi a campainha da porta da frente tocar. Um lampejo de esperança surgiu dentro de mim, pois talvez aquela visita inesperada pudesse trazer um pouco de emoção para aquela noite entediante. Decidi me oferecer para abrir a porta, não só para escapar da companhia insípida de Caym e Lorenzo, mas também para descobrir quem poderia estar do outro lado.

Com o coração acelerado, girei a maçaneta e abri a porta. E lá estava ele, Matthew. Meu coração deu um salto ao vê-lo parado ali, com aquele sorriso cativante que sempre me desarmava. No entanto, dessa vez, minha expressão não era de felicidade. Eu estava brava com ele e não pretendia ser simpática.

— Lilith! Finalmente te encontrei! Eu fiquei preocupado quando você começou a ignorar minhas mensagens e ligações. Precisamos conversar — ele disse, surpreso por eu ter atendido a porta.

Eu não estava com disposição para conversar com Matthew, mas sabia que precisávamos abordar o elefante na sala. Concordei em conversar e caminhamos até o Éden.

Ao nos aproximarmos do bosque, não pude deixar de me maravilhar com a beleza da noite. A lua brilhava intensamente, lançando um brilho suave nas folhas e galhos das árvores. As estrelas brilhavam como diamantes no céu e o ar estava repleto da doce fragrância das flores. A brisa suave acariciando nossos rostos. As árvores altas e frondosas pareciam envolver-nos em seu abraço protetor. Era um lugar mágico, onde a natureza parecia sussurrar segredos de paz e reconciliação. Eu me acalmei na atmosfera pacífica e não resisti a sorrir com a beleza de tudo isso. Matthew deve ter notado minha mudança de humor porque me olhou com curiosidade.

— Não é lindo? — eu perguntei a ele, gesticulando para o nosso entorno.

— É sim, ruiva. Só não é tão lindo quanto você — ele respondeu suavemente. — Mas precisamos conversar sobre o que está te incomodando.

Respirei fundo e me preparei para confrontá-lo sobre a mentira que ele havia me contado. Sentamo-nos em um banco de madeira, olhando para o horizonte enquanto as palavras finalmente começavam a fluir.

— Matthew... Eu realmente gosto de você, entretanto você mentiu para mim. Isso fez-me sentir traída por você. — Matthew abaixou a cabeça, parecendo envergonhado

— Eu sei que errei, Lilith. Eu queria te contar a verdade, mas não sabia como. Eu estava com medo de te perder — ele disse, e senti a minha raiva se dissipar.

— Matthew, eu quero poder confiar em você. Mas isso significa que precisamos ser honestos um com o outro. Sempre. — Ele olhou para mim, seus olhos azuis brilhando com sinceridade.

— Você tem razão, Lilith. Eu prometo que nunca mais vou mentir para você. — Sorri para ele, sentindo um peso enorme sair dos meus ombros.

— Eu preciso voltar para casa — digo, enquanto me levanto do banco.

Caminho em direção à minha casa, sentindo um misto de alívio e ansiedade. Finalmente falei para Matthew o que estava me incomodando, mas agora sei que tenho que enfrentar minha mãe, Lorenzo e Caym. Por mais que eu deteste essa ideia de jantar em "família".

Desde quando começamos a usar esse termo?

Detesto ter de ficar sentada na mesma sala que Lorenzo, que sempre cheira a álcool e que tornou a vida da minha mãe um inferno. Odeio que ele seja meu padrasto e que minha mãe tenha decidido se casar com ele, mesmo depois de saber de seu vício.

Me enoja que ele não tenha controle sobre o hábito de beber e que se torne uma pessoa diferente quando está bêbado. E agora, para aumentar minha tristeza, preciso conhecer o irmão dele, Caym. Ouvi falar dele pela minha mãe, como ele é o oposto do Lorenzo, como ele é bem-sucedido. Mas não posso deixar de sentir raiva e ressentimento por ele não ter ajudado minha mãe quando ela mais precisava. Em vez disso, ele decidiu se distanciar da família, deixando minha mãe e eu lidando com a bagunça que Lorenzo criou. Sei que deveria dar uma chance a ele e não julgá-lo com base nas ações de Lorenzo, mas é difícil.

Como posso confiar em alguém que é parente do homem que me causou tanta dor?

Tenho pavor de ter que bater um papo com Caym, fingindo que está tudo bem, sabendo que ele está relacionado ao motivo pelo qual tenho que pisar em ovos em minha própria casa.

Estou com raiva porque ele pode ir e vir quando quiser, enquanto minha mãe e eu estamos presas lidando com as consequências das farras de Lorenzo. Isso me faz sentir ainda mais desamparada, saber que existe alguém por aí que poderia ter feito a diferença em nossas vidas, mas optou por não fazê-lo.

Ao entrar em minha casa, vejo que a sobremesa está pronta e sobre a mesa. É um dos momentos sóbrios de Lorenzo — quando ele tenta reparar seu comportamento preparando uma tempestade na cozinha. Mas isso não muda o fato de que eu ainda o odeio nem a situação em que ele nos colocou. O cheiro de torta de maçã recém-assada, que geralmente me dá água na boca, agora revira meu estômago. Eu gostaria de poder simplesmente sair desta casa e escapar de todo o drama que vem com ela. Eu sei que não posso mudar o passado ou o presente.

Foi quando me recordei que ainda não avisei o Ronan sobre o que descobri de Ster. Ster Meyer. Enquanto tento ir para o meu quarto, Caym me impede. Ele começa a falar comigo, mas eu o ignoro e vou para o meu quarto. Não é que eu quisesse ser rude, mas simplesmente não aguento mais drama. Preciso dar um tempo nisso tudo. Ouço a voz da minha mãe atrás de mim. Ela está se desculpando pela atitude desagradável, e está me xingando baixinho.

Uma vez no meu quarto, disco o número de Ronan.

— Ei, eu descobri uma coisa sobre Ster — eu dou uma pausa dramática. — Ster Meyer. Ela está morta. — Há um momento de silêncio do outro lado da linha antes de Ronan falar.

— O quê? Como você descobriu? O que aconteceu? — Sua voz é urgente, e posso sentir a preocupação irradiando dele.

Respiro fundo e começo a explicar tudo o que sei. Ster é irmã de Matthew e que vi seu túmulo quando fui visitar meu pai. Ronan fica quieto por um momento, e posso ouvir o som de seus dedos batendo no teclado.

— Vou investigar, ver se há mais alguma coisa que possamos descobrir. — Sua voz é calma e serena, e sinto uma sensação de alívio. Sei que posso contar com ele para me ajudar a descobrir a verdade.

Desligo o telefone e vou em direção ao meu carro. O motor ruge para a vida. A noite está linda, as estrelas brilhando no céu como diamantes.

Já faz um tempo que não me sinto tão livre, tão viva. Sinto falta das corridas, do vento nos cabelos, da emoção de acelerar na pista. Mas esta noite tenho algo ainda mais importante em que me concentrar.

Ao chegar na casa de Ronan, respiro fundo e me preparo. Vou olhar de frente para quem estiver presente e exigir respostas. Ronan abre a porta e seu rosto se ilumina com um enorme sorriso.

— Olá, sweetheart — ele me cumprimenta calorosamente, e não posso deixar de me sentir grata por seu apoio. Ele sabe o quanto isso é importante para mim e está disposto a fazer o que for preciso para ajudar.

Vamos para o quarto que é dedicado ao seu trabalho como hacker.

— Bem, Ster é irmã de Matthew, como você sabe. Ela cometeu suicídio. Ela estava em uma corrida de carros e bateu o carro em uma árvore. A notícia foi mantida em segredo e poucas pessoas sabiam disso. — Sinto um nó na garganta quando as palavras de Ronan são absorvidas.

Não acredito que a irmã de Matthew faleceu. Eu nem sabia o nome dela até agora. É de partir o coração pensar que alguém tão jovem e cheia de vida possa ser levada embora assim. Só posso imaginar a dor que Matthew e sua família devem ter passado.

São momentos como esses que me lembram o quanto é importante estar conectado com as pessoas de quem gostamos. Enquanto Ronan me mostra seu espaço de trabalho, minha mente volta para Ster. Eu me pergunto quais eram suas paixões, o que ela gostava de fazer em seu tempo livre e quais eram seus sonhos para o futuro. É um lembrete de que cada pessoa tem uma história para contar e que devemos reservar um tempo para ouvir e apreciar sua jornada.

Ronan sente minha tristeza e coloca um braço reconfortante em volta do meu ombro.

— Eu sei que é difícil, mas temos que continuar. Temos que descobrir o que realmente aconteceu com Ster. — Concordo com a cabeça, sabendo que ele está certo.

Sentamos em frente ao computador e Ronan começa a digitar. Ele é incrivelmente habilidoso no que faz, e observo com espanto enquanto ele navega por diferentes sites e bancos de dados para encontrar qualquer informação que possa nos ajudar.

À medida que nos aprofundamos, encontramos algumas pistas estranhas que parecem não fazer sentido. É quase como se alguém estivesse tentando encobrir o que realmente aconteceu com Ster. Começamos a reunir diferentes informações, tentando entender tudo. As horas passam e ainda estamos trabalhando duro. Entretanto, não conseguimos encontrar nada concreto.

Ronan se vira para mim e diz:

— Lilith, está ficando tarde. Você deveria ir para casa e descansar um pouco. Podemos continuar amanhã. — Concordo com a cabeça, sentindo-me exausta pelas longas horas que passamos tentando juntar as peças da história da morte de Ster.

Enquanto arrumo minhas coisas, não posso deixar de me sentir frustrada por não termos encontrado nenhuma pista sólida. Mas sei que não podemos desistir, não até descobrirmos a verdade.

Enquanto dirijo para casa, minha mente corre com diferentes cenários e teorias. Fico me perguntando se Ster cometeu mesmo suicídio, quer dizer, ela era uma Meyer.

Chego em casa e tento dormir um pouco, mas minha mente não me deixa descansar. Fico pensando nas estranhas pistas que encontramos e em como alguém pode estar tentando esconder a verdade.

Acordei na manhã seguinte e fiquei olhando para o teto por alguns minutos, tentando me lembrar do sonho que acabara de ter. Quando finalmente desisti, peguei meu celular para ver as horas e vi que já era tarde.

O telefone começou a tocar e eu atendi sem olhar quem era.

— Ei, sweetheart! Como está a dorminhoca? — ele diz, e vejo o tom de empolgação em sua voz.

— Dorminhoca nada, Ronan! Eu não acordei agora — eu minto.

— Ah, desculpa. Mas temos uma reunião importante hoje à noite. Precisamos conhecer os membros da nossa nova gangue de racha.

— Isso parece interessante. Onde será a reunião? — eu digo enquanto esfrego meus olhos tentando me livrar do sono que ainda me resta.

— Vou te enviar a localização da reunião por mensagem. Tenho certeza de que você vai adorar conhecer os outros membros — ele diz, e consigo ouvir o barulho dos seus dedos colidindo contra o teclado de seu computador.

— Mal posso esperar para conhecê-los. Obrigada, Ronan.

— De nada! Nos vemos mais tarde, sweetheart.

Desliguei o telefone e me levantei da cama, sentindo a empolgação tomar conta de mim. Eu estava curiosa para saber mais sobre essa nova gangue de racha e ansiosa para conhecer as pessoas que compartilhavam a mesma paixão por carros e velocidade. Conferi o local da reunião, assim que a mensagem de Ronan chegou.

Ronan foi um ótimo amigo ao ter a ideia de criar uma nova gangue e me convidar para participar dela. Eu estava grata por ter alguém como ele em minha vida, alguém que me entendia e compartilhava dos mesmos interesses.

Me preparei para o encontro, escolhendo a roupa perfeita para a ocasião. Queria impressionar os membros da nova gangue e mostrar que eu tinha o que era preciso para ser uma boa competidora.

A manhã estava linda, o sol brilhava no céu e uma brisa fresca soprava pelas ruas. Eu sabia que seria um ótimo dia para dirigir meu carro e sentir a liberdade que só a estrada pode oferecer.

Peguei as chaves do meu carro e saí de casa, ansiosa para sentir o motor rugir à vida e acelerar pelas ruas. Coloquei meus óculos escuros e liguei o som, escolhendo uma playlist animada para me acompanhar na viagem.

O som do motor do meu carro ecoou pelas ruas enquanto eu acelerava, sentindo a adrenalina pulsar em minhas veias. Eu amava a sensação de dirigir em alta velocidade, sentindo o vento nos cabelos e a emoção correndo pelo meu corpo.

Dirigir era minha paixão desde criança, quando costumava assistir corridas de carros na TV com meu pai. Ele me ensinou tudo o que eu precisava saber sobre carros e competições, e eu cresci alimentando esse amor pela velocidade.

Agora, eu estava pronta para mais um dia de aventuras e emoções na estrada. Eu não sabia exatamente aonde ia, mas isso não importava. O importante era aproveitar cada momento da viagem e sentir a liberdade que só dirigir pode proporcionar.

Depois de um tempo, finalmente cheguei ao local da reunião e vi um grupo animado de pessoas ao redor dos carros estacionados. Meu coração acelerou com a emoção enquanto me aproximei deles, pronta para conhecer novos amigos e competidores.

Com um sorriso no rosto, me juntei ao grupo de entusiastas de carros e logo fiz amizade com alguns deles. Compartilhamos histórias, dicas e até mesmo desafios para testar nossas habilidades ao volante.

A energia era contagiante e a paixão pela velocidade unia a todos nós. Juntos, decidimos organizar uma corrida amigável para aproveitar o dia ao máximo. Preparamos nossos carros, ajustamos os motores e alinhamos na linha de partida. O sinal verde foi dado e acelerei, sentindo a adrenalina tomando conta de mim mais uma vez.

A competição era acirrada, mas acima de tudo estávamos ali para nos divertir e desfrutar da emoção de estar na pista. Cruzar a linha de chegada em meio aos aplausos e sorrisos foi uma sensação indescritível. Naquele momento, eu sabia que tinha encontrado um grupo de amigos que compartilhavam a mesma paixão que eu.

A competição estava acirrada, mas eu consegui colocar em prática tudo o que aprendi e cheguei em primeiro lugar, seguida por Carter e depois Ronan. Após a corrida, nos reunimos para conversar sobre a experiência.

Ronan estava desapontado com seu desempenho e comentou:

— Não sei o que houve. Geralmente, não sou tão lento assim.

Eu respondi com um sorriso:

— Não se preocupe, Ronan. Isso só foi um pequeno treinamento.

— Você é uma ótima piloto, Lilith. Eu adoraria me juntar a você e ao Ronan em futuras corridas — Carter disse, entrando na conversa. Eu concordei animadamente e logo estávamos trocando dicas e truques para melhorar nossas habilidades na pista.

Após a corrida, eu e Carter trocamos nossos números de telefone e combinamos de nos encontrar novamente em breve para outra corrida amigável.

Enquanto compartilhávamos histórias e risadas após a corrida, percebi que tinha um carinho especial por todos os integrantes da gangue. No entanto, algo em Carter me intrigava de uma maneira diferente, uma conexão especial, mas decidi ignorar isso.

Enquanto a noite caía, percebi que estava na hora de ir para casa. Agradeci a todos pela companhia e pela emocionante corrida, prometendo nos encontrarmos novamente em breve. Despedi-me com um sorriso no rosto, ansiosa pelos próximos encontros com eles.

Me dirigi até o meu carro, sentindo a adrenalina ainda correndo em minhas veias. Enquanto apreciava a beleza da noite, percebi Ronan se aproximando.

— Ei, estou determinado a descobrir mais sobre a Ster. Te aviso se descobrir algo — ele disse, se afastando um pouco do carro. — Boa noite, querida.

Ele se afasta, indo em direção aos outros, e eu arranco com o meu carro.

Enquanto dirigia para casa, não conseguia parar de pensar em Ronan e em sua determinação em descobrir a verdade sobre a morte de Ster. Senti uma onda de gratidão por tê-lo como amigo e por sua lealdade. Eu sabia que podia contar com ele, assim como com toda a nossa gangue.

Refleti sobre como é importante ter amigos que compartilham nossos interesses e paixões, pessoas que nos apoiam e nos motivam a seguir em frente. E, acima de tudo, pensei em como amo minha gangue e em como eles fazem minha vida mais emocionante e significativa.

Quando parei no semáforo, ouvi meu telefone tocar. Olhei rapidamente para a tela e vi o nome de Carter piscando. Sorri, sabendo que seria uma ligação divertida. Atendi o telefone e ouvi a voz animada de Carter do outro lado da linha.

— Lili! Você precisa vir comigo! Eu e Logan estamos indo para um bar incrível, e eu te prometo que o resto da noite será foda pra caralho!

Aceitei o convite de imediato. Logan faz parte da nossa gangue, e é o melhor amigo de Carter. Ambos são conhecidos como "Amigos da Bagunça" por todos. Eles sempre sabem onde encontrar os melhores lugares para relaxar e se divertir depois de uma corrida emocionante. Desliguei o telefone e segui em direção ao bar que ele havia mencionado.

Ao chegar, encontramos lugares vazios no balcão do barman, então nos sentamos e pedimos nossas bebidas. Conversamos sobre carros, Logan me contou como ele e Carter se conheceram e como desenvolveram as suas paixões pela velocidade e adrenalina. Era revigorante encontrar pessoas que compartilhavam os mesmos interesses e emoções.

Enquanto conversávamos animadamente, meus olhos se desviaram para a entrada do bar. Foi quando vi Matthew. Meu coração disparou, e senti borboletas em meu estômago. Ele estava caminhando em nossa direção. Um sorriso involuntário se formou em meus lábios.

Ansiosa para cumprimentá-lo e compartilhar um momento agradável juntos. Mas assim que levantei da cadeira, meu sorriso desapareceu ao ver Briana entrando logo atrás dele.

A tristeza me invadiu instantaneamente, lembrando-me das vezes em que estivemos juntos. Sempre soube que não tínhamos nenhum compromisso sério, mas ainda assim a sensação de vê-lo acompanhado me incomodava.

Voltei a me sentar e pedi mais um drinque, na tentativa de afogar minhas mágoas que surgiram repentinamente.

— Lili, está tudo bem? — Carter perguntou, genuinamente preocupado.

— Sim. Tudo bem sim — eu disse, rapidamente. Carter me observou atentamente por alguns segundos, então balançou a cabeça em concordância.

Enquanto eu bebia, tentei me distrair com a conversa animada de Carter e Logan. Mas minha mente estava em outro lugar, pensando no que poderia ter sido com Matthew e como Briana parecia estar ocupando o lugar que um dia foi meu. E que ainda deveria ser.

À medida que a noite avançava, eu tentava me manter forte e não deixar que a tristeza me dominasse. Sabia que precisava seguir em frente, mas também sabia que seria difícil esquecer aqueles momentos especiais que tivemos juntos. De vez em quando, eu olhava para os dois, e via como eles pareciam estar se divertindo, e toda vez que eu olhava, Carter me observava. Quando Logan se levantou para ir ao banheiro, Carter resolveu falar:

— Eu não tenho ideia do que está acontecendo. Mas saiba que você é uma pessoa incrível — ele diz, segurando minha mão sobre a mesa. Sinto lágrimas em meus olhos, e pisco para afastá-las.

Nesse momento, recebi uma mensagem de Matthew. A curiosidade me toma, e eu abro a mensagem.

"Descobri algo sobre a Ster. O carro dela foi alterado." Fico perplexa com aquela informação.

Perdida em meus pensamentos, decidi olhar novamente para eles. Para minha surpresa, Briana me encarou por alguns segundos. De repente, ela beija o Matthew. Meu coração se parte em mil pedaços ao testemunhar aquela cena. A tristeza se instala dentro de mim.

Em meio a esse turbilhão de emoções, sinto uma mão tocar suavemente o meu ombro. É o Carter, o único que parece se importar com o que estou passando. Ele viu o quanto aquele beijo me chateou. Seus olhos transmitem compreensão e carinho, e antes que eu possa reagir, ele segura minha cintura e me beija.

A sensação é indescritível. Seus lábios macios se movem em sincronia com os meus, transmitindo uma mistura de conforto e desejo. Naquele momento, eu me permito esquecer tudo o que está acontecendo ao meu redor e me entrego ao beijo.

É um beijo intenso, cheio de emoção e ternura. A cada toque, sinto meu coração se acalmar um pouco mais, como se Carter tivesse o poder de curar minhas feridas. É como se naquele instante todo o sofrimento desaparecesse.

Mesmo em meio à tristeza e à confusão, esse beijo me faz perceber que ainda há esperança. Talvez eu possa superar essa dor e encontrar a felicidade novamente. E, por mais que seja difícil admitir, talvez Carter seja o responsável por isso.

Enquanto nossos lábios se separam, olho nos olhos de Carter e vejo um brilho de carinho e cumplicidade. Ele me abraça suavemente, como se soubesse que precisava estar ali para mim naquele momento.

Não sei o que o futuro reserva para nós, mas sei que, naquele instante, o beijo de Carter foi um raio de luz em meio à escuridão. E, por mais complicada que seja a situação, eu sinto uma faísca de esperança se acender dentro de mim.

Nós dois sabíamos que a situação era complicada, com bagagens emocionais e incertezas pairando sobre nós. Mas naquele instante deixamos tudo isso de lado e nos entregamos àquela conexão especial que compartilhávamos.

Nesse momento, Logan volta do banheiro e diz:

— Ei, pessoal! O que eu perdi?

— Logan! Você voltou mais rápido do que eu esperava — digo, surpresa.

— A fila estava curta. Mas agora me contem, o que está acontecendo aqui? — ele diz com um sorriso travesso no rosto. Eu e Carter nos olhamos.

— Nada — eu falo, ainda mantendo o contato visual com o Carter. — Bem, eu preciso ir — continuo.

— Ei, o Carter veio comigo, mas eu quero ficar até tarde. Você não pode levá-lo para casa? Por favor — Logan, fala já sabendo qual é a minha resposta.

— Claro. Até logo, Logan. Nos vemos em breve — digo, me despedindo com um abraço.

— Até mais, Log — Carter fala se despedindo de seu amigo com um apelido que eles usavam na infância.

Enquanto caminhávamos juntos para fora do bar, segurando as mãos com firmeza, sabíamos que tínhamos um longo caminho pela frente. Mas estávamos dispostos a enfrentar os desafios juntos, apoiando um ao outro em cada passo do percurso.

O futuro era incerto, mas com o beijo de Carter ainda fresco em meus lábios, senti uma confiança renovada. Eu sabia que, independentemente do que acontecesse, estaríamos dispostos a lutar pelo amor e pela felicidade que merecíamos.

E assim, enquanto nos afastamos do bar, sorrimos um para o outro, sabendo que aquele beijo havia mudado tudo. Uma nova jornada começava ali, e eu estava pronta para abraçá-la com coragem e esperança no coração.

Percebi que não valia a pena chorar e sofrer por Matthew, que é uma pessoa que apenas me machuca. Absorta nos meus pensamentos, finalmente me dei conta de que não havia falado para o Ronan sobre a Ster.

Ster vinha ocupando meus pensamentos desde o dia em que descobri sobre ela. Me afastei um pouco de Carter e disquei o número de Ronan. Infelizmente, ele não atendeu, então deixei uma mensagem na caixa postal. Contei a ele o que Matthew havia me falado por mensagem e contei o mais raso possível sobre o que ocorreu entre mim e Carter.

Voltei para perto de Carter e minha Ferrari.

— Eu bebi demais, não estou em condições de dirigir — eu digo, meio tonta e massageando minhas têmporas. Céus, que dor de cabeça dos diabos.

Carter pergunta onde fica minha casa. Eu respondo que prefiro ir para a casa dele. Ele abre a porta do passageiro para mim.

O caminho até lá foi longo, mas a noite estava tão bonita que nem percebi o tempo passar. Durante toda a viagem, a mão de Carter permaneceu carinhosamente acariciando minha coxa, transmitindo uma sensação de conforto e conexão profunda.

Durante o trajeto, conversamos sobre nossos gostos e sonhos, e percebo que temos muito em comum. A música no rádio é suave e relaxante, combinando perfeitamente com o clima romântico da noite.

Chegamos finalmente à casa de Carter, e ao entrar fui recebida por uma atmosfera acolhedora e aconchegante. A decoração refletia sua personalidade, com toques de elegância e simplicidade. Sentia-me em casa ali, como se pertencesse àquele lugar desde sempre.

Enquanto nos acomodávamos no sofá, trocamos olhares cheios de cumplicidade. Era como se nossas almas estivessem se encontrando novamente, após um longo período de separação. Eu sabia que estava no caminho certo, deixando para trás as mágoas e abrindo espaço para um novo amor, uma nova história.

Naquele momento, tudo parecia perfeito. A noite estava tão bonita lá fora, com uma lua cheia iluminando o céu estrelado. Sentia-me abraçada pela paz e pela felicidade, e a presença de Carter ao meu lado só intensificava esses sentimentos.

Enquanto conversávamos sobre nossos sonhos, medos e desejos, percebi que estava diante de alguém especial. Carter era mais do que eu poderia imaginar, ele era um porto seguro, alguém disposto a me amar e cuidar de mim. E eu estava pronta para abrir meu coração e entregar-me a essa nova jornada ao seu lado.

A noite continuou a nos envolver com sua magia, e cada instante ao lado de Carter era um presente precioso. Me acomodei no colo de Carter. E assim, naquela noite, entreguei-me completamente a Carter e ao amor que florescia entre nós. A felicidade estava ali, ao alcance das nossas mãos, e eu estava pronta para agarrá-la e viver intensamente cada momento ao lado da pessoa que havia transformado minha vida. Nós adormecemos assim mesmo. Carter me envolveu com seus braços fortes.

Abri os olhos de manhã, e o cheiro de café fresco e bacon invadiu as minhas narinas. Sentei-me e Carter sorriu para mim enquanto colocava uma bandeja com uma xícara fumegante de café e um prato de delicioso café da manhã na cama. Não pude deixar de sentir gratidão por esse homem maravilhoso que tornou cada momento tão especial.

— Bom dia, meu bem — ele disse enquanto arrumava a bandeja no meu colo.

— Bom dia! — eu disse depositando um beijo nos lábios macios de Carter. — Dormiu bem?

— Sim, e você? Não está com dor de cabeça? — ele disse, com uma preocupação genuína.

— Não, estou bem — eu disse, tranquilizando-o. Enquanto desfrutávamos do café da manhã, meu telefone tocou com uma mensagem de Ronan.

Ronan <3

Precisamos conversar, é importante. Me encontre no Café Apolo.

Imediatamente após ler a mensagem de Ronan, meu coração afundou. Eu sabia o que isso significava. Ronan não era de rodeios, e se ele queria conversar, era porque algo o estava incomodando. Me perguntei o que poderia ser tão importante para ele ter que me encontrar em um café. Minha mente estava correndo com diferentes cenários possíveis.

Tentei manter a calma na frente de Carter, mas sabia que ele podia sentir que algo estava errado. Quando terminamos o café da manhã, não pude deixar de me sentir distraída.

Fiquei verificando meu telefone a cada poucos minutos, esperando que Ronan me enviasse outra mensagem com mais detalhes. Mas não havia nada. Carter percebeu que eu estava preocupada e colocou a mão sobre a minha, dando-lhe um aperto tranquilizador.

— Está tudo bem? — ele me perguntou.

Forcei um sorriso e balancei a cabeça, não querendo sobrecarregá-lo com meus próprios problemas. Mas a verdade é que eu estava com medo. Ronan é o meu melhor amigo, e eu o conheço há anos, ele nunca deixa de me chamar de "sweetheart". E isso me preocupa.

— Preciso me encontrar com o Ronan, é importante — eu disse, levantando da cama e me arrumando e juntando minhas coisas.

— Ah... Ok. Qualquer coisa me mande mensagem.

— Claro. Tchau — eu disse enquanto lhe dava um selinho rápido.

Abro a porta da casa do Carter e respiro fundo o ar fresco da manhã. O sol está brilhando e os pássaros estão cantando. É um dia lindo.

Fecho a porta atrás de mim e caminho até o meu carro. Estou indo embora, mas não estou feliz.

Carter é um cara legal, mas ele me sufoca para caramba. Ele parece ter ciúmes até mesmo de Ronan.

Gosto dele, mas preciso do meu espaço. Preciso poder fazer as coisas que gosto sem me sentir pressionada.

Entro no meu carro e saio da garagem. O sol brilha no meu rosto e o vento bate no meu cabelo.

Dirijo em direção ao café para me encontrar com Ronan, com meu coração batendo mais rápido que o habitual. Tentei me acalmar e não pensar muito, mas a ideia do que ele poderia dizer continuava voltando à minha mente.

Ao me aproximar do café, vi Ronan sentado à nossa mesa habitual. Ele olhou para cima e acenou para mim, mas pude ver a preocupação em seus olhos.

Sentei-me em sua frente, e ele já começou a falar.

— É sobre Ster. — Paraliso quando ouço o nome da irmã do Matthew. Não quero mais me envolver nesse assunto. Não depois que o Matthew traiu minha confiança. — Existe um suspeito, o nome dele é Caym. O cara é dos bons, e tem uma segurança admirável. Eu posso entrar no sistema dele com um pouco de trabalho.

Parei de prestar atenção no que Ronan estava falando no momento em que ele citou o nome de Caym. Será possível ser o Caym Pecoraro? O irmão do meu padrasto? Tento me lembrar de qualquer informação que tenho sobre Caym. Lembro-me de conhecê-lo em um jantar de família.

Não sei muito sobre ele, exceto que é engenheiro de computação e sempre foi um pouco recluso. Mas por que ele seria suspeito no caso de Ster? Não faz sentido. Pelo que sei dele, ele é um cara legal e nunca faria mal a ninguém.

— Caym? Caym Pecoraro? — pergunto, na expectativa disso ser coisa da minha cabeça.

— Esse mesmo.

— Não quero saber de você se envolvendo nisso, Ronan — digo, com a preocupação estampada em meu rosto. Ronan percebe isso e inclina um pouco a cabeça para o lado.

— Tudo bem, sweetheart — ele responde, depois de alguns segundos. Volto a respirar calmamente. — Bem, eu acredito que não seja só isso que está te incomodando. O que houve?

Penso um pouco antes de responder. Sei que preciso ter cuidado com minhas palavras. Não quero revelar muito, mas também não quero mais ficar calada. É hora de falar sobre isso.

— Na verdade, há outra coisa. É sobre meu padrasto, Lorenzo. — Faço uma pausa, esperando pela reação dele. Ele olha para mim com expectativa. — Ele bate na minha mãe.

As palavras saem com pressa e posso sentir meu coração batendo forte no peito.

Há um momento de silêncio enquanto ele processa o que acabei de dizer. Então ele se inclina para a frente, seus olhos focados nos meus.

— Você está falando sério? — ele pergunta, sua voz baixa. Eu aceno com a cabeça, lágrimas brotando em meus olhos.

— Sim. Ele já faz isso há algum tempo e eu não sei o que fazer. Estou com medo e não quero mais que minha mãe se machuque. Mas ela ama muito ele.

Ele estende a mão e pega minha mão, dando-lhe um aperto tranquilizador.

— Não se preocupe. Vamos fazer alguma coisa a respeito disso — diz ele com firmeza. — Não vamos deixar sua mãe sofrer mais. Eu ajudarei você de qualquer maneira que puder.

Sinto um brilho de esperança e gratidão em meu coração. Há muito tempo que me sinto desamparada e sozinha nessa situação, sem saber a quem recorrer ou onde procurar ajuda. Mas ter alguém tão confiável e solidário ao meu lado me faz sentir que podemos fazer a diferença. Ele começa a me fazer perguntas, tentando entender toda a extensão do problema e os padrões de abuso que meu padrasto vem apresentando. Ele ouve pacientemente e oferece sugestões, nunca me fazendo sentir julgada ou inferior.

— Como é o sobrenome dele, Lili?

— Pecoraro. Lorenzo Pecoraro.

— Irmão do Caym Pecoraro?! — ele pergunta, e seu tom de voz e a sua reação mostram o quanto está chocado com isso.

— Sim.

— E você ainda tem a coragem de me dizer para não ir a fundo com isso?! Nem se o Matthew não tivesse me pedido para continuar, eu iria continuar com isso. Caramba, Lilith! — ele explode.

— O quê? Matthew entrou em contato com você? Quando foi isso? — Consigo sentir a raiva e a frustração estampadas em minha voz.

— Matthew me mandou mensagem me pedindo para investigar mais sobre Caym — ele diz, mas eu ainda estou me recuperando da notícia. Ele percebe isso. — Olha, eu entendo que isso seja um choque para você. Mas temos um trabalho a fazer e precisamos seguir todas as pistas que pudermos obter. Matthew confia em mim para lidar com esta situação, e sei que posso fazê-lo.

— Eu entrei nisso por causa da Ster. Mas eu ainda estou nisso tudo pela minha mãe — dou uma pausa. — Mas eu não quero mais fazer parte disso.

— Você precisa parar de fugir — ele diz me olhando fixamente. — Você vai ser mesmo Lilith ou Eva? Você vai fugir e se esconder, ou vai bater de frente com isso com a cabeça erguida? A decisão é inteiramente sua. — Assim que termina de falar, ele se levanta e vai embora.

Eu deixo a gorjeta em cima da mesa, e repito os mesmos passos de Ronan. Por favor, que você não tenha ido embora, meu bem.

Passo pela porta de entrada do café e vejo Ronan prestes a entrar em sua Porsche preta.

— Ronan! — eu grito, e vou correndo ao seu encontro. Ele para e se vira para mim, com uma expressão de antecipação nos olhos. Respiro fundo e tento firmar minha voz.

— Eu tenho medo de te perder, ou perder a minha mãe. Eu não suportaria a dor de perder mais alguém que eu amo. — Pisco quando começo a sentir as lágrimas surgindo em meus olhos. — Eu não vou correr e me esconder, Ronan — digo com firmeza.

Ele sorri para mim, com um pequeno brilho de orgulho em seus olhos.

— Essa é a minha garota — ele diz, passando suas mãos em volta do meu corpo. — Eu jamais vou te deixar. Você nunca vai me perder, sweetheart. Eu amo você — ele diz sussurrando em meu ouvido.

Ele se afasta e entra em seu carro.

Sinto uma onda de afeto por ele. Mas enquanto o vejo ir embora, não posso deixar de sentir uma sensação de pavor tomar conta de mim.

Ronan é a única família que me resta, e a ideia de perdê-lo é insuportável. Perdi meu pai ano passado e a dor de sua morte ainda persiste. Cada vez que penso nele, sinto um nó no estômago e um nó na garganta.

Viro-me e começo a andar pela rua em direção ao meu carro, perdida em pensamentos. Tenho medo de perder Ronan ou de perder minha mãe. Eu não suportaria a dor de perdê-los.

A ideia de ficar sozinha é intolerável.

Ele tem sido minha rocha, meu sistema de apoio, desde que meu pai faleceu. Ronan sempre esteve lá para ouvir, dar conselhos e me confortar quando mais precisei. Não sei o que faria sem ele.

Mas a ideia de perdê-lo me aterroriza. Ele é tudo que me resta em termos de família e não consigo imaginar passar por esse tipo de dor novamente. Perder meu pai foi uma das coisas mais difíceis pelas quais já passei. A dor era avassaladora e parecia que uma parte de mim havia morrido com ele.

Tento não pensar na possibilidade de perder Ronan ou minha mãe, mas isso está sempre lá, espreitando no fundo da minha mente. O medo de ficar sozinha é algo contra o qual luto todos os dias.

Não sei se conseguiria lidar com isso se algo acontecesse com eles.

Estava dirigindo tranquilamente de volta para casa, aproveitando a sensação de liberdade que as estradas vazias proporcionavam. O vento bate em meu rosto enquanto eu acelero, desfrutando da adrenalina que corria nas minhas veias.

Quando de repente o som do telefone cortou o silêncio do carro. Interrompendo minha paz momentânea.

Olho para a tela, e vejo o nome de Hyun piscando.

Senti um arrepio percorrer minha espinha. Hyun é quem organiza as corridas, sei que provavelmente é algo importante, já que ele não liga sem motivos aparentes.

Ao atender, uma voz descontraída e familiar ecoou pelo alto-falante do veículo.

— Ei, linda! Vai acontecer uma corrida emocionante esta noite. Vocês vão correr contra uma gangue novata que está se destacando nas ruas. Te mando mais informações por mensagem, para que você possa se preparar adequadamente — ele disse, com seu tom característico de flerte.

Senti a adrenalina percorrer meu corpo. Essa seria uma corrida desafiadora. Preciso dar o meu melhor esta noite, pois é a minha primeira vez correndo com os "Rampant Adrenaline" e como a piloto principal da equipe.

Depois que eu dormi com Hyun, ele me fornece todas as informações necessárias sobre as corridas, desde o trajeto até os possíveis obstáculos e rivais. É essencial estar bem-informada para poder traçar estratégias e garantir a vitória. Afinal, a reputação da equipe está em jogo, e não podemos nos dar ao luxo de perder.

Senti uma onda de excitação tomar conta de mim. Essa é a oportunidade perfeita para mostrar minhas habilidades como piloto, principalmente depois daquele desfecho de perder para o Matthew Meyer.

É isso que me move, o gosto pelo perigo e pela adrenalina.

Assim que cheguei em casa, a tão esperada mensagem de Hyun chegou com todos os detalhes da corrida. O percurso seria desafiador, com curvas fechadas e trechos perigosos. Além disso, a gangue novata era conhecida por suas manobras arriscadas e agressivas, o que tornaria a competição ainda mais acirrada.

O nome da gangue é "The Golden Crowns".

Eu sabia que teria que estar no meu melhor estado de concentração e habilidade para superar os adversários. Então, comecei a me preparar mentalmente, visualizando cada curva e antecipando as estratégias da gangue rival. Afinal, a vitória não é apenas uma questão de adrenalina e emoção, mas também de honra e prestígio.

Enquanto eu me preparava, senti a mistura de ansiedade e empolgação tomar conta do meu corpo.

Eu estou pronta para enfrentar esse desafio de frente, demonstrando minha destreza no volante e minha paixão pela velocidade.

Já está na hora de mostrar por que eu sou a principal piloto da equipe e deixar minha marca nas ruas da cidade de Chicago, a mesma que deixei no México.

CAPÍTULO 7

Após receber a mensagem de Hyun, liguei para Ronan e marcamos de nos encontrarmos em um local afastado para testar os carros.

Quando me aproximo do local, posso sentir a excitação crescendo dentro de mim.

Já se passaram meses desde a última vez que corremos com nossos carros e mal posso esperar para ver como eles se comportarão depois de todas as atualizações que fizemos.

Assim que cheguei no local, estacionei meu carro em um canto do barracão onde estávamos. Ronan e os outros já estavam mexendo em seus carros.

Ronan e eu trocamos cumprimentos e vamos direto ao trabalho, preparando nossos carros para a corrida desta noite. Verificamos os níveis de óleo, testamos os freios e garantimos que tudo está funcionando bem.

Quando terminamos o último ajuste, Hyun chega com seu carro.

— Ei, gatinha! — ele diz para mim pela janela de seu carro. — Que tal corrermos em um trecho de estrada aqui perto?

Olho para Ronan, ele balança a cabeça em concordância.

O trecho é conhecido por ser longo e reto com poucos obstáculos. Concordamos e seguimos para o local, ansiosos para ver o desempenho dos nossos carros.

À medida que nos alinhamos no ponto de partida, sinto meu coração disparar.

Este seria um verdadeiro teste aos nossos carros e às nossas habilidades de condução. Respiro fundo e acelero o motor, me preparando para a corrida.

Logan dá o sinal. Decolamos, nossos carros acelerando com uma velocidade incrível. Posso sentir a força abaixo de mim enquanto mudo de marcha, levando meu carro ao limite.

O vento passa por mim enquanto me concentro na estrada adiante, tentando ficar à frente de Hyun e Ronan. O som dos nossos motores é ensurdecedor enquanto corremos pela estrada, cada um de nós determinado a vencer.

Mesmo de longe, consigo ver alguns de nossos homens onde declaramos que seria a linha de chegada e empurro meu carro ainda mais, tentando ganhar vantagem. Ao cruzarmos a linha de chegada, solto um grito de alegria. Foi uma corrida acirrada, mas meu carro saiu vitorioso. Paro ao lado de Hyun e Ronan, sorrindo de orelha a orelha.

— Isso foi incrível! — grito, com minha adrenalina ainda bombando. — Nossos carros foram ótimos!

Depois de testar os carros, fomos para o local onde aconteceria o racha. Eu estava animada e pronta para mostrar do que meu carro era capaz.

Chegamos ao local do racha e fiquei impressionada com a atmosfera eletrizante que tomava conta do lugar.

A multidão estava aglomerada nas laterais, ansiosa pelo início da competição. Luzes coloridas piscavam, destacando os carros tunados que estavam alinhados na linha de partida.

O som dos motores potentes ecoava no ar, criando uma trilha sonora empolgante. O clima estava carregado de adrenalina e competição, mas também havia uma sensação de camaradagem entre os participantes. Todos ali compartilhavam a mesma paixão por velocidade e carros. Eu estava pronta para acelerar e deixar minha marca naquela pista.

Quando entramos na pista com nossos carros, o locutor disse:

— Outra gangue que participará desta noite serão os "Rampant Adrenaline".

Assim que fomos apresentados, Carter, Logan e os outros estacionaram suas BMWs pretas onde os demais carros estavam.

A empolgação tomou conta do grupo, mas a emoção era ainda maior para mim e Ronan. Antes de iniciarmos a corrida, combinamos que iríamos executar um cavalo de pau.

Ronan está em outro carro, eu estou no meu. Estamos de frente um para o outro. Com as mãos no volante e o coração acelerado, eu me concentrei e confiei na minha habilidade. O motor roncou alto enquanto as rodas giravam rapidamente. A adrenalina pulsava em minhas veias quando acelerei com precisão e destreza, executando o cavalo de pau com maestria. O momento foi mágico, cheio de emoção e orgulho pela união entre amigos apaixonados por velocidade.

Enquanto a poeira pairava no ar, todos os presentes aplaudiram e gritaram de empolgação, celebrando o nosso feito audacioso.

Estacionamos nossos carros e saímos, alegres e orgulhosos. Carter, Logan e os outros vieram nos parabenizar e todos conversamos sobre como nossa manobra foi bonita.

A manobra do cavalo de pau foi algo novo e emocionante, e ficou claro que todos gostaram. Carter me deu um selinho rápido.

— Vocês foram muito bem. — Ouço atrás de mim uma voz profunda que causa arrepios na minha espinha.

Viro-me e vejo Caym parado ali, cercado por alguns homens de aparência intimidadora. Meu coração dispara enquanto tento descobrir o que fazer.

É então que Ronan fala. Ele levanta o copo e agradece.

Minhas suspeitas sobre ele ficam mais fortes, não sei direito por quê. Algo na forma como ele tem agido tem sido desanimador para mim, e não consigo afastar a sensação de que ele está tramando alguma coisa. Enquanto tomo um gole de água e tento acalmar os nervos, percebo que preciso ficar alerta.

— Damas e cavalheiros! Nesta noite, iremos começar com duas gangues que foram criadas há pouco tempo, mas que já faz anos que os pilotos correm. Rampant Adrenaline e The Golden Crows — o locutor anunciou.

— Quem são esses? — pergunto, genuinamente.

— Nós. — Ouço a mesma voz grave de antes. Merda.

— Boa sorte para vocês, cara. Essa gata é incrível — Carter diz. Céus! Esse menino não pode ficar quieto por um minuto?

Os homens dão uma risadinha e se entreolham.

— Claro — é Caym quem responde, e eles vão embora. Tiro o braço de Carter que me envolvia.

— O que foi?

— Caramba! Me deixe em paz, Carter! — eu digo, explodindo de raiva. Se fosse o Matthew, ele... Pare de pensar nele!

— Quem você pensa que é para falar desse jeito comigo? — Carter diz, agarrando meu braço. Quem ele pensava que era, tentando me controlar daquele jeito?

— Se não me soltar, vou fazer você se arrepender de ter nascido, seu verme. — Eu me solto bruscamente do aperto de Carter e encaro-o com fúria nos olhos.

Carter parece surpreso com minha reação, soltando meu braço lentamente. Seu rosto mostra uma mistura de confusão e arrependimento.

— Ei, está tudo bem por aqui? — Ronan, que antes estava com os outros em uma rodinha afastada, agora está em minha frente. Seus olhos estão fixos nos meus.

— Tudo bem sim — Carter disse, me fuzilando com os olhos.

— A pergunta foi direcionada para a Lilith, não para você — Ronan responde seco.

Ronan encara Carter com um olhar desafiador, deixando claro que não toleraria seu comportamento abusivo, apesar de não ter visto ele me agarrando pelo braço.

Ronan se posiciona ao meu lado, demonstrando seu apoio e determinação em proteger-me de qualquer forma necessária.

— Você está bem? — ele repete a pergunta.

— Sim — eu minto. Como estaria bem? Pensei que Carter seria meu parceiro.

— O que você está fazendo aqui ainda? SOME! — Ronan grita, já perdendo a paciência.

Carter levanta as mãos em rendimento e recua. Faço o mesmo. Preciso dar um tempo para tanto drama. Consigo sentir os olhos de Ronan em minhas costas enquanto vou para o bar.

Peço uma garrafa de água, olho para trás e vejo aqueles olhos azuis que me enlouquecem...

Ele está parado ali, tão bonito como sempre. Seu cabelo escuro está perfeitamente penteado e seu terno cai como uma luva. Seu sorriso alcança seus olhos e não posso deixar de sentir uma pontada de arrependimento.

Lembro-me de como ele me fazia rir e de como sempre sabia como me fazer sentir especial. Tivemos algo especial, algo que ainda não encontrei com mais ninguém. Enquanto tomo um gole de água, posso sentir seu olhar sobre mim. Eu me viro e nossos olhos se encontram. A química ainda está lá, posso sentir isso.

Me pergunto se quando eu estava com Matthew era tão ruim assim ou fui eu quem criou isso para poder superá-lo mais rápido?

Ele se aproxima.

— Ei, ruiva — ele diz apoiando o braço direito no balcão do barman, ficando cara a cara comigo.

— Me deixe em paz, por favor — digo passando a mão na minha testa. — Eu não estou em um dia bom.

— E quando você está em um dia bom? — ele pergunta com um sorriso travesso, mas logo seus olhos caem para o meu braço, vermelho com marcas de dedos. Ele franze a testa e agarra meu braço.

— Quem fez isso com você? — ele diz com irritação e preocupação. Afasto meu braço de Matthew.

— Eu acabei me batendo enquanto testava os carros.

— Não minta para mim, Lilith — ele diz com a voz grave e firme.

— Foi o Carter. — Ouço a voz do Ronan atrás de nós.

— O quê? — Matthew diz levantando. — Um cara fez isso com você? — ele diz incrédulo.

Eu não queria dar muita importância a isso, mas agora todos estavam olhando para mim. Balanço a cabeça, confirmando as palavras de Ronan.

— Quem é esse? — Matthew fala e vejo que ele está ficando cada vez mais irritado.

— Aquele cara ali — Ronan aponta para o Carter, que está de costas tomando algo.

Matthew dá uma boa olhada e vai em direção ao homem. Eu vou atrás de Matthew, detesto violência.

Antes que eu pudesse alcançá-lo, Matthew empurrou o Carter, derrubando-o no chão.

— Matthew! — dou um grito histérico.

Ele me ignorou totalmente e subiu em cima do Carter e começou a socá-lo. Logan tentou afastar Matthew de Carter, mas ele foi mais rápido e deu um soco certeiro em Logan, que jogou a cabeça para trás.

— Porra — Logan diz, com as mãos no nariz, que estava sangrando. Ele desiste de tentar separar Matthew de Carter e vai embora. Enquanto ele se afasta, consigo ouvi-lo xingando Matthew baixinho. No quarto soco que Matthew deu em Carter, eu tentei interferir, mas Ronan me segurou.

— Ele merece, querida — ele sussurrou.

Matthew dá mais alguns socos em Carter, então finalmente se levanta e lhe dá mais um chute.

— Que ele fique de exemplo para todos aqui. Não mexam com a minha garota — ele diz para a multidão que veio ver o que estava acontecendo.

— Você está bem? — Matthew me pergunta, com a preocupação estampada em seu rosto.

— Estou bem sim. E você? Não se machucou muito? — digo pegando nas suas mãos inchadas e vermelhas.

— Tudo bem sim, ruiva. Não se preocupe comigo — ele diz, mexendo seus dedos. Matthew coloca suas mãos delicadamente em meu rosto e me olha profundamente.

— Nunca deixe que um homem te trate dessa forma. Nunca deixe que alguém levante um dedo para você — ele fala seriamente.

As palavras de Matthew tocam todo o meu ser. Quando olho para trás e vejo a situação em que minha mãe se encontra, sinto um aperto no peito e lágrimas brotam em meus olhos. É uma mistura de tristeza, raiva e culpa que me consome. Como pude permitir que ela passasse por tudo isso? Por que não fiz nada para protegê-la?

Lorenzo, aquele homem odioso, deixou minha mãe roxa com seus atos violentos. Mas a verdade é que eu me sinto culpada por não ter feito mais para impedir isso. Eu deveria ter sido mais corajosa, mais assertiva em defender a mulher que me deu a vida.

Cada vez que vejo os hematomas no corpo dela, sinto como se fosse eu mesma quem estivesse sendo agredida. A dor é insuportável, mas o sentimento de culpa é ainda pior. Eu me pergunto constantemente como pude ser tão fraca, tão impotente diante dessa situação.

Mas enquanto as lágrimas escorrem pelo meu rosto, algo inesperado acontece. O som alto e estridente do anúncio de que a corrida vai começar invade meus ouvidos.

Enquanto enxugo as lágrimas e respiro fundo, sinto uma coragem renovada. Não sou mais a mesma pessoa de antes. Agora, sou uma guerreira disposta a lutar até o fim. E com essa nova determinação, vou enfrentar todos os desafios que surgirem em nosso caminho.

A corrida vai começar em breve, assim como a batalha pela liberdade e segurança da minha mãe. Não há mais espaço para a culpa ou lamentações. É hora de agir e fazer o que é certo. Eu estou pronta para essa luta.

É só agora que eu percebo que os braços de Matthew estão envolvendo meu corpo, e ele está sussurrando baixinho: "Está tudo bem, ruiva. Eu estou aqui. Shhh...".

Eu me afasto de Matthew e enxugo minhas lágrimas.

— Bem, eu preciso correr.

Ele pega meu rosto com suas mãos e deposita um beijo em minha testa.

Eu vou em direção à minha Ferrari, que já está na linha de partida. Entro em meu carro e agarro o volante. Um dos homens de Caym entra no carro que está parado ao meu lado. Ele desce todo o vidro, eu faço o mesmo.

— Preparada para perder? — ele fala entre risos.

— Isso é o que vamos ver, querido — digo dando um sorriso maroto para o homem e fecho meu vidro.

A contagem regressiva começa, olho para fora e vejo Matthew me olhando. Seus olhos parecem brilhar. Sei que ele acredita em mim e estou determinada a deixá-lo orgulhoso.

A contagem regressiva final começa e me concentro inteiramente no caminho à frente. Três... dois... um... vai!

O motor ruge enquanto aceleramos. O vento está assobiando em meus ouvidos e eu pressiono o pedal com mais força. Posso ver o outro carro tentando me ultrapassar, mas não posso deixar isso acontecer. Faço uma curva fechada e o carro atrás de mim derrapa um pouco.

O homem de Caym está ficando furioso.

De repente, sinto um sobressalto quando ele tenta bater no meu carro. Eu rapidamente desvio para o lado, evitando a colisão. Posso ouvi-lo xingar e gritar, mas bloqueio o barulho e me concentro na estrada à frente.

Eu acelero e o outro motorista é forçado a recuar. Posso ouvir o rugido da multidão torcendo por mim. Não estou correndo apenas por mim, mas por todas as mulheres que ouviram que não podem competir em um esporte dominado pelos homens.

Mas estou correndo principalmente para meu pai. Sei que ele ficaria orgulhoso em ver que sua princesinha ama corridas, carros e não consegue viver sem a adrenalina.

Eu empurro meu carro ao limite, entrando e saindo do trânsito com precisão. O homem de Caym tenta alcançá-lo, mas sou rápida demais para ele.

Posso sentir a adrenalina correndo em minhas veias enquanto me aproximo da linha de chegada. Atravesso-a com um rugido vitorioso, sabendo que ganhei a corrida.

Sabendo que ganhei, resolvi fazer uma gracinha. Dou um cavalinho de pau com meu carro, e não sei como isso é possível, mas a multidão grita ainda mais.

Estaciono meu carro e saio dele. Matthew e Ronan vêm correndo até mim.

— Você foi incrível, sweetheart — Ronan diz, me dando um abraço. Mas meus olhos estão focados em Matthew. Ronan me solta e se afasta, dizendo que vai pegar uma bebida.

— Você é maravilhosa, ruiva — Matthew diz, e consigo sentir a ereção de Matthew na minha barriga.

— Eu preciso de você — ele diz choramingando, e já sei o que ele quer dizer com isso. Eu concordo e Matthew mais que depressa pega minha mão e me guia até uma limusine preta.

(...)

Ouço o sinal de que a próxima corrida vai começar. Ronan vai correr contra o Caym.

Afasto Matthew de mim e coloco minhas roupas nos lugares. Não pude deixar de sentir uma onda de excitação e medo ao mesmo tempo.

Fiquei sabendo pelo Hyun que o Caym é um piloto famoso, conhecido por sua direção imprudente e táticas perigosas. O fato de Ronan estar enfrentando ele me deixou ainda mais nervosa.

Saio da limusine e vou correndo para perto da pista. Não posso perder essa corrida por nada.

Quando chego lá, eles já estão em seus carros na linha de partida. Ronan olha para mim pela janela e abre um sorriso de orelha a orelha. Eu mando um beijo para ele, e ele me dá uma piscadela.

À medida que os carros se alinhavam, pude sentir meu coração batendo mais rápido. Os motores aceleraram e a multidão aplaudiu.

Então, de repente, os carros partiram para a escuridão, os faróis iluminando a estrada à frente. Observei com a respiração suspensa enquanto Ronan e Caym disputavam a liderança.

Caym dirigia como um louco, desviando perigosamente para perto do carro de Ronan. Mas Ronan se manteve firme, com as mãos firmes no volante. A corrida foi pescoço a pescoço.

A tensão pairava no ar enquanto os carros se alinhavam na escuridão da noite. Meu coração acelerava, os motores rugiam e a multidão ao redor aplaudia ansiosa pelo início da corrida ilegal. Os faróis dos carros iluminavam a estrada à frente, enquanto eu observava com a respiração suspensa. Ronan e Caym disputavam a liderança, manobrando perigosamente e arriscando tudo para ganhar vantagem. Caym dirigia como um verdadeiro temerário, jogando seu carro perigosamente próximo ao de Ronan, numa tentativa de intimidá-lo. Mas Ronan se mantinha firme, suas mãos firmemente agarradas ao volante, demonstrando destreza e concentração.

A corrida prosseguia em um ritmo frenético, curva após curva, ultrapassagem após ultrapassagem. A adrenalina corria em minhas veias e minhas mãos suavam de ansiedade. A multidão ao redor vibrava e aplaudia cada movimento ousado dos pilotos.

Enquanto os carros cortavam o vento em alta velocidade, eu torcia fervorosamente por Ronan, meu amigo de longa data. Conhecia sua habilidade como piloto e sabia que ele estava determinado a vencer essa corrida ilegal.

A estrada se transformava em um borrão à medida que os carros aceleravam ainda mais. Os faróis iluminavam o caminho à frente, revelando obstáculos que exigiam reflexos rápidos e precisão milimétrica. Ronan os superava com maestria, mantendo-se focado em seu objetivo.

A disputa entre Ronan e Caym se intensificava a cada momento. Eles se desafiavam em ultrapassagens arriscadas, buscando qualquer oportunidade para ganhar vantagem sobre o outro. Era uma batalha de habilidades e coragem.

Enquanto a corrida se aproximava do final, a emoção atingia seu ápice. Ronan e Caym estavam lado a lado, nenhum deles disposto a ceder. A linha de chegada estava próxima e a vitória era uma questão de segundos.

E então, com uma manobra ousada e precisa, Ronan conseguiu ultrapassar Caym definitivamente. A multidão explodiu em aplausos e gritos de euforia, reconhecendo a habilidade excepcional do piloto.

Quando Ronan cruzou a linha de chegada, era evidente que ele havia conquistado a vitória dessa corrida ilegal. O cansaço e a exaustão misturavam-se à felicidade estampada em seu rosto enquanto ele saía do carro para celebrar sua conquista.

E ali, entre os aplausos ensurdecedores e os sorrisos de orgulho, eu sabia que havia testemunhado um momento único. A primeira corrida ilegal de Ronan, que foi cheia de adrenalina, perigo e emoção, onde Ronan demonstrou sua coragem e habilidade como piloto excepcional.

Ronan eu nos abraçamos calorosamente, sorrisos de felicidade estampados em nossos rostos. Foi uma corrida emocionante e a vitória de Ronan trouxe um sentimento de triunfo para todos nós. Porém, quando desviei meu olhar para o lado, vi Caym com uma expressão de fúria indescritível.

Meu coração disparou e um arrepio percorreu minha espinha. Eu sabia que Caym era o principal suspeito na morte de Ster. As evidências apontavam para ele, mas nada havia sido provado até então. Aquela raiva estampada em seu rosto só aumentava minhas preocupações.

Ronan também percebeu isso. Então, decidimos que era melhor nos afastarmos daquela situação tensa. Sem trocar palavras, apenas nos olhando com determinação, começamos a nos afastar do local da corrida, deixando para trás Caym e toda a sua fúria.

Enquanto caminhávamos em silêncio, meu coração ainda pulsava acelerado. Eu sabia que não poderíamos ignorar as suspeitas que pairavam sobre Caym, mas também não podíamos enfrentá-lo naquele momento. Precisávamos de tempo para refletir e encontrar uma abordagem mais sensata.

Encontramos um lugar tranquilo, longe dos olhos curiosos, onde pudemos sentar e respirar fundo. Ronan segurou minha mão com ternura, transmitindo um senso de segurança em meio à incerteza.

— Quer ir para casa, querida? — Ronan pergunta. Ele é sempre tão generoso.

— Quero. Estou com medo do Caym fazer algo para nós. — Ele apenas balança a cabeça em concordância. Ele pegou minha mão e me guiou até onde nossos homens estavam.

— Vamos embora, galera — ele disse sério. Mostrando que não estava fazendo um pedido. Os homens responderam com um sinal de cabeça e pegaram suas BMWs.

Minha Ferrari e o Lamborghini de Ronan dispararam na frente dos outros.

Enquanto voltávamos para casa, senti um misto de alívio e apreensão. Sabíamos que precisávamos ser cautelosos e tomar medidas para nos proteger, mas também não poderíamos permitir que o medo nos paralisasse.

Está mais que na hora de fazer algo a respeito da minha mãe e a respeito do Caym. Os malditos irmãos Pecoraro vão pagar pelos seus atos.

CAPÍTULO 8

Assim que cheguei em casa, estranhei o carro preto parado em frente à garagem. Fiquei apreensiva, e como Ronan e os outros ainda estavam atrás do meu carro, resolvi descer.

Ronan não queria me deixar voltar para casa sozinha. Ronan é tão atencioso que chega a doer.

— Ei, eu não tenho ideia de quem é aquele carro. Pode entrar em casa comigo? — pergunto para Ronan pela janela de seu Lamborghini.

— Claro, querida — ele diz, descendo do carro e fazendo um sinal para que os outros esperem aqui fora.

Ronan segura minha mão enquanto caminhamos em direção à porta de casa, observando o carro preto com cautela. A sensação de apreensão só aumenta à medida que nos aproximamos.

Chegando à porta, notamos que ela está entreaberta, aumentando ainda mais nossa preocupação. Ronan aperta minha mão com firmeza me encorajando, estamos prontos para enfrentar qualquer coisa que possa estar nos esperando lá dentro.

Ronan empurra suavemente a porta, revelando um ambiente silencioso, mas felizmente iluminado. Olhamos um para o outro, aliviados com a iluminação, mas ainda cautelosos.

Com cuidado, adentramos a casa e seguimos em direção à sala. Ronan mantém sua postura protetora, enquanto eu observo Caym, Lorenzo e minha mãe.

Com um aperto no coração, percebo que minha mãe está machucada, o que significa que Lorenzo a agrediu novamente. Minha ansiedade aumenta ainda mais ao notar a expressão de fúria no rosto de Caym, revelando que ele ainda não superou o ocorrido na pista. A tensão no ambiente é insuportável.

— Querida, o que você acha de ir lá para fora com a Sabrina? — Ronan disse segurando o meu rosto.

— Claro... — digo, meio atordoada. O que esse maluco vai fazer?

Ronan nos guia para fora, e nos coloca em seu carro. Ele vai falar com os outros homens. Caramba, o que ele vai fazer?

Os outros homens saem do carro e caminham em direção à casa com expressões sérias, prontos para confrontar Lorenzo e garantir a segurança de minha mãe.

Enquanto os homens se aproximam da casa, a tensão no ar é palpável. Eles trocam olhares determinados e apertam firmemente as mãos em punhos. Prontos para agir, eles avançam lentamente, preparados para enfrentar qualquer desafio que possa surgir.

Chase Scott demonstra sua coragem, sempre pronto para proteger aqueles que ama. Logan Lowell, com sua astúcia, analisa cada movimento estratégico. Malik Miller, forte e resiliente, está preparado para lidar com qualquer obstáculo. Simon Jones, o mais experiente do grupo, traz consigo um ar de sabedoria. E por último, mas não menos importante: Ronan Foster, um líder nato. Ele é uma fonte constante de apoio e coragem para mim.

Juntos, esses seis homens formam uma equipe imbatível determinada a enfrentar Lorenzo e Caym Pecoraro.

Hoje, os irmãos Pecoraro não vão sair ilesos dos seus atos.

Já haviam se passado alguns minutos, e não tinha nenhum sinal dos rapazes. Estou ficando preocupada e por conta da ansiedade estou roendo minha unha.

Estava um silêncio ensurdecedor no carro, até que minha mãe resolveu dar o primeiro passo.

Minha mãe olha para mim com preocupação estampada em seus olhos e diz:

— Estou realmente preocupada com o que pode estar acontecendo lá dentro. Não sabemos do que o Caym e o Lorenzo são capazes.

Também estou preocupada. Caym é suspeito na morte da Ster, eu estou morrendo de medo desse homem e do que ele pode fazer. Cogito falar isso, mas não encontro minha voz em lugar nenhum, então apenas fico calada.

O silêncio paira no ar enquanto os minutos se arrastam, a ansiedade tomando conta de nós duas. Como estou buscando um pouco de conforto, conecto meu celular ao rádio do carro e começa a tocar "Birds Don't Sing" de TV Girl, numa tentativa de acalmar nossos corações aflitos.

Dou algumas batidinhas no volante conforme a música.

Passaram-se mais alguns minutos, e finalmente vejo as silhuetas de dois homens que acredito que sejam Caym e Lorenzo.

Com o coração acelerado, observo atentamente as silhuetas de Caym e Lorenzo se aproximando, seus corpos exibindo evidências visíveis de uma luta intensa. Caym está com o rosto contundido, enquanto Lorenzo manca visivelmente.

Eles se aproximam do carro, caminhando com dificuldade, e a tensão no ar é quase palpável. Meus dedos apertam o volante com força, enquanto meus olhos seguem cada movimento deles. Com um esforço notável, eles conseguem abrir as portas do carro e se acomodam no interior.

O motor ronrona e o carro parte lentamente, deixando para trás uma nuvem de alívio. Finalmente vou ter uma boa noite de sono, e minha mãe também.

Nesta noite, não precisaremos nos preocupar com o maldito Lorenzo Pecoraro.

Enquanto eles entram no carro e partem, uma nova onda de preocupação toma conta de mim. Logo quando eles partem, vejo Ronan e os outros homens se aproximando, completamente ilesos.

Assim que vejo Ronan, saio do carro e vou ao seu encontro em disparada. Nós ficamos um tempo abraçados. Eu me sinto segura nos braços de Ronan.

A noite cai suavemente, envolvendo-nos em uma atmosfera de tranquilidade. Uma brisa suave acaricia nossos rostos, trazendo consigo um sentimento de calma e serenidade. Nesta noite de paz, eu me entrego ao momento, esquecendo temporariamente as preocupações do dia a dia. É um momento íntimo e especial, onde apenas nós existimos, sem nenhuma interferência externa.

— Você está bem? — Ronan disse se afastando apenas o necessário para olhar em meus olhos.

— Estou, e vocês?

— Estamos bem — ele diz, esboçando um sorriso. — Bem, nós precisamos ir — ele acrescenta se afastando.

— Ah, tudo bem — eu digo, não conseguindo disfarçar minha decepção. Queria que ele ficasse aqui esta noite. Eu me sentiria mais segura com ele aqui.

— Qualquer coisa, não pense duas vezes antes de me ligar — ele diz, segurando minha cabeça e depositando um beijo em minha testa. E é só agora que percebo que minha mãe está nos observando com um sorriso em seus lábios.

Me despeço de todos, e vou para dentro de casa. Tranco a porta da frente e vou para a cozinha, preciso de um café. Ou de um vinho, quem sabe. Assim que adentro o cômodo, percebo como eu e minha mãe somos parecidas, pois ela está encostada no balcão bebendo uma taça de vinho.

— Vou te acompanhar — digo, enquanto pego uma taça no armário.

— Ele é um bom amigo — ela diz, girando sua taça, fazendo o vinho parecer um pequeno tornado.

— Ronan? É, ele é sim — digo, enchendo minha taça.

Enquanto brindamos, minha mãe sorri e diz:

— Tenho um pressentimento de que ele será mais do que apenas um amigo para você, minha querida.

Eu sorrio, intrigada com as palavras da minha mãe, e pergunto:

— O que você quer dizer com isso, mãe? Você acha que existe algo mais entre mim e o Ronan?

— Querida, eu vejo a maneira como vocês se olham, como se houvesse uma conexão especial. Acho que vocês têm potencial para algo além da amizade — ela diz, me olhando com carinho. Finalmente, a mulher que você era antes da morte do papai está voltando. Senti tanto a sua falta, mamãe.

Fico surpresa, mas ao mesmo tempo curiosa com essa perspectiva. Enquanto saboreamos nosso vinho, começo a refletir sobre meus sentimentos por Ronan e se realmente há algo mais profundo entre nós.

Enquanto pondero sobre os comentários da minha mãe, percebo que, de fato, o amor que sinto por Ronan é profundo, mas de uma maneira diferente. Nós nos conhecemos desde a infância e nossa amizade é tão valiosa que eu não consigo imaginar a vida sem ele. É um amor puro e genuíno, uma conexão que vai além do romantismo.

Curiosa para explorar essa perspectiva, decido compartilhar meus pensamentos com minha mãe.

— Mãe, você acha que é possível ter uma amizade tão forte e duradoura assim? Mesmo com tantas histórias e momentos compartilhados, será que nunca vamos nos apaixonar?

Minha mãe sorri, colocando a taça de vinho sobre o balcão.

— Querida, o amor pode se manifestar de várias formas. Algumas das relações mais bonitas são construídas em bases sólidas de amizade. Vocês têm um vínculo especial e é possível que ele se fortaleça ainda mais ao longo do tempo. — Eu assinto, pensativa.

— Você está certa, mãe. O que importa é a felicidade que encontramos um no outro, independentemente do rótulo que colocamos nisso.

Minha mãe coloca a mão sobre a minha e diz com ternura:

— Exatamente, minha querida. O importante é cultivar essa conexão especial e valorizar o amor e a amizade que vocês têm um pelo outro.

Com um sorriso tímido, eu me sinto mais confiante em relação ao meu relacionamento com Ronan. Seja como amigos ou talvez algo mais no futuro, eu sei que nossa amizade é uma das coisas mais preciosas da minha vida.

Com um olhar sério, aproveito o momento de intimidade com minha mãe para compartilhar minhas preocupações mais profundas.

— Mãe, eu preciso saber... Por que você aguenta tudo isso do Lorenzo? Toda a violência, todo o alcoolismo... Olha para você! Você vive machucada.

Minha mãe olha para mim com tristeza nos olhos, segurando minhas mãos com ternura.

— Minha querida, eu entendo sua preocupação e agradeço seu amor e cuidado. Às vezes, é difícil explicar por que permanecemos em situações difíceis. Mas saiba que estou fazendo o meu melhor para lidar com isso.

Eu seguro as lágrimas, desejando poder protegê-la do sofrimento.

— Mãe, você merece ser feliz e viver em paz. Não podemos permitir que essa violência continue. Vamos buscar ajuda juntas, encontrar recursos para nos proteger e criar um futuro melhor.

Minha mãe sorri com tristeza, apreciando minha preocupação.

— Minha filha, você é minha força e esperança. Vamos enfrentar isso lado a lado. Prometo que faremos o possível para mudar essa situação e encontrar segurança.

Nós nos abraçamos, sabendo que a jornada será difícil, mas unidas somos mais fortes. Nós nos afastamos.

Após nossa conversa sincera e emocional, minha mãe olha para mim com cansaço evidente.

— Querida, estou exausta. Já está tarde e preciso descansar um pouco. Vamos retomar essa conversa amanhã, quando estivermos mais descansadas e com a mente clara — ela diz, passando a mão na testa.

Eu assinto compreensivamente, sabendo que ela precisa de repouso. Eu também preciso.

— Claro, mãe. Descanse bem. Amanhã continuaremos a buscar soluções juntas.

Nos despedimos com um abraço reconfortante e minha mãe se dirige ao seu quarto, fechando a porta atrás de si.

Enquanto me sento sozinha, reflito sobre a importância de enfrentar essa situação delicada com cuidado e planejamento. Sinto uma mistura de tristeza, raiva e determinação dentro de mim.

Prometo a mim mesma que farei tudo o que estiver ao meu alcance para proteger minha mãe e criar um ambiente seguro para nós duas. Amanhã será um novo dia e daremos os primeiros passos rumo à mudança de que tanto precisamos.

Ronan já está fazendo demais por nós duas. Está na hora de ser Lilith, e não Eva. Está na hora de lutar contra nossos demônios.

Ou melhor, está na hora de enfrentar e lutar contra Caym e Lorenzo. Eu não vou descansar até vê-los presos ou mortos.

Assim que termino de beber o líquido restante da minha taça, sinto uma agradável sensação de relaxamento se espalhar pelo meu corpo.

Com passos leves, subo as escadas em direção ao meu quarto, apreciando cada momento dessa tranquilidade noturna.

Aconchego-me sob as cobertas macias, enquanto a lua brilha suavemente pela janela, iluminando o ambiente com uma luz serena. Suspiro profundamente, deixando para trás as preocupações do dia e entregando-me ao abraço reconfortante do sono.

Assim que acordei, a primeira coisa que fiz foi pegar meu celular, esperando ansiosamente por uma mensagem do Matthew, considerando o que havia acontecido na noite passada.

Nada.

Os raios de sol invadiam o quarto, iluminando o ambiente e trazendo uma sensação de renovação para o dia.

Enquanto eu navegava pelas notificações e mensagens, ouvi de repente um estrondo alto, que ecoou pela casa, me deixando assustada e curiosa para descobrir a causa desse barulho repentino.

Rapidamente, saí do meu quarto e desci as escadas para investigar o estrondo. Lá embaixo, vi minha mãe conversando com o Lorenzo, o que me deixou desesperada. Sem pensar duas vezes, voltei correndo para o meu quarto e liguei para o Ronan.

— Ronan, você não vai acreditar! O Lorenzo está aqui na minha casa com a minha mãe!

— O quê? Como assim? O que ele está fazendo aí?

— Eu não faço ideia, mas preciso de ajuda! Não sei como lidar com essa situação.

— Calma, sweetheart. Vou até aí imediatamente. Fique no seu quarto e espere por mim. Vamos resolver isso juntos.

— Obrigada, Ronan. Estou contando com você.

— Estou a caminho. Mantenha-se segura — ele termina de dizer isso e desliga o telefone.

Desci em disparada, meu coração batendo acelerado no peito, impulsionada pela curiosidade e pelo temor do Lorenzo. Cada degrau que eu percorria parecia aumentar minha ansiedade, enquanto me aproximava do som quebradiço que ecoava pelo ambiente.

O suspense pairava no ar, aumentando a minha expectativa a cada passo dado. Quando finalmente alcancei o térreo, deparei-me com uma cena caótica: cacos de vidro espalhados pelo chão, reflexos distorcidos da luz sobre os estilhaços brilhantes. Meu coração afundou ao ver que minha mãe estava machucada por conta dos vidros.

Eu me abaixei ao lado da área onde minha mãe estava, com cuidado para evitar os cacos de vidro, e sussurrei:

— Vai lá para fora, por favor.

Assim que minha mãe saiu de casa, eu virei para Lorenzo e, determinada, peguei uma faca na cozinha.

Meus passos eram rápidos e decididos, cada movimento impulsionado pela força acumulada ao longo dos anos de opressão. Cada lembrança dolorosa ressurgia em minha mente, alimentando minha determinação e alimentando o fogo que ardia dentro de mim.

Minha mãe não seria mais vítima do seu abuso, não suportaria mais sua presença tóxica em minha vida e na vida de minha mãe.

Com a faca firmemente segura, eu me aproximava dele, meu olhar fixo e desafiador. A coragem que antes havia sido reprimida agora transbordava como um rio selvagem, inundando cada fibra do meu ser. O medo que antes me paralisava agora era transformado em uma energia poderosa, motivando-me a lutar por minha própria liberdade.

Eu estava pronta para enfrentar a batalha mais difícil da minha vida, pronta para desafiar o monstro que ele se tornara. Enquanto me aproximava, o sorriso confiante de Lorenzo começou a desvanecer-se lentamente, substituído por uma expressão de surpresa e temor.

Ele tentou articular palavras, mas eu não estava disposta a ouvir suas desculpas vazias ou suas promessas falsas. O tempo das palavras havia acabado; agora era hora de agir. Com um golpe rápido e certeiro, eu avancei com a faca em direção a ele, determinada a cortar os laços que me aprisionavam emocionalmente e fisicamente.

Cada movimento era impulsionado por anos de dor e sofrimento acumulados, cada golpe representando um ato de autodefesa e libertação. A adrenalina corria em minhas veias, alimentando minha determinação enquanto eu lutava contra meu opressor. Os sentimentos de angústia e impotência foram substituídos por uma sensação de empoderamento e justiça.

Eu estava tomando o controle da minha própria vida, reivindicando a paz e a segurança que me haviam sido negadas por tanto tempo. O confronto foi intenso, mas eu não recuei. Cada movimento era uma declaração de independência, uma afirmação de que eu merecia ser tratada com respeito e dignidade.

A luta foi árdua, mas eu não estava sozinha. Toda a força que eu precisei veio de dentro de mim, mas também foi alimentada pelo amor e apoio daqueles que me amavam incondicionalmente. Eu não estava mais disposta a ser uma vítima silenciosa; agora era uma sobrevivente corajosa, pronta para enfrentar qualquer desafio que se apresentasse em meu caminho.

O silêncio pesado pairava no ar, interrompido apenas pelos meus batimentos cardíacos acelerados.

O choque inicial de ver Lorenzo caído, banhado em seu próprio sangue, começou a se dissipar, revelando uma mistura de emoções conflitantes.

Por um lado, havia um senso de alívio por finalmente me libertar da opressão e do abuso que ele infligia sobre mim e minha família. Era como se um peso insuportável tivesse sido retirado dos meus ombros, permitindo-me respirar novamente. No entanto, ao mesmo tempo, uma onda de horror e culpa me invadiu.

A realidade brutal do que eu havia feito começava a se manifestar diante dos meus olhos. Eu não era uma pessoa violenta por natureza, mas a dor e a raiva acumuladas haviam me levado a um ponto de ruptura.

Eu sabia que teria que lidar com as consequências dos meus atos, enfrentar o sistema legal e lidar com as implicações emocionais de ter tirado uma vida.

O sangue que manchava o chão era uma lembrança sombria e inegável do caminho que eu havia escolhido trilhar para me libertar. Enquanto meu olhar se fixava em Lorenzo, agora imóvel e vulnerável, percebi que a batalha ainda não havia terminado.

Havia muitas perguntas sem resposta, muitos segredos ocultos nas sombras daquela casa. Eu teria que lidar com as consequências do meu ato enquanto buscava a verdade por trás dos abusos que havíamos sofrido.

Agora, mais do que nunca, eu precisava de coragem, apoio e orientação para enfrentar o que estava por vir.

Ronan chegou correndo em casa, com uma expressão de preocupação estampada em seu rosto.

Ele parou abruptamente ao ver a cena diante dele, incapaz de acreditar no que seus olhos estavam vendo.

— Puta que pariu — ele disse silabando. — Que merda você fez, Lilith?

Eu estava em um estado de choque paralisante, as palavras pareciam ter se perdido em algum lugar dentro de mim. Meus lábios tremiam enquanto eu tentava formular uma frase coerente, mas tudo o que saía eram murmúrios ininteligíveis. O tempo ao meu redor parecia ter congelado, como se o universo estivesse segurando a respiração junto comigo, preso em um momento de horror e desespero.

A imagem de Lorenzo caído diante de mim, imerso em seu próprio sangue, era como uma ferida aberta em minha mente. A realidade daquilo que eu havia feito começava a se infiltrar em cada fibra do meu ser, enchendo-me de uma mistura sufocante de culpa e medo. Eu não era uma pessoa violenta por natureza, mas a dor e a opressão acumuladas haviam me levado a um ponto de ruptura.

Eu repetia mentalmente, tentando convencer a mim mesma disso. Ronan veio até mim, segurando meus ombros.

— Você está bem?

Eu não conseguia dizer nada. Minha mente estava confusa.

Eu ainda lutava para processar o turbilhão de emoções que me inundava, o silêncio ensurdecedor da sala me envolvia. O tempo parecia ter parado, deixando-me suspensa em um momento eterno de angústia. Cada segundo se arrastava lentamente, prolongando minha agonia interior.

Eu sabia que teria que enfrentar as consequências dos meus atos, que o sistema legal viria atrás de mim e que eu teria que enfrentar o julgamento dos outros. Mas naquele momento tudo isso parecia distante e irreal. Minha mente estava embotada, incapaz de raciocinar claramente diante da magnitude do que havia acontecido.

Enquanto eu permanecia ali, imóvel e em silêncio, meu coração batia descompassado no peito. Eu sentia o peso do mundo sobre meus ombros, a responsabilidade avassaladora de enfrentar a realidade do que eu havia feito. O tempo continuava parado, como se estivesse esperando por mim, enquanto eu lutava para encontrar a coragem e a clareza necessárias para seguir em frente.

Minha mente está em um turbilhão de confusão. Tudo ao meu redor parece nebuloso e distante. A lembrança do Ronan me abraçando e tentando me acalmar é como um raio de luz no meio dessa escuridão. Mas o resto é um borrão, como se alguém tivesse apagado partes importantes da minha memória. Agora, aqui no hospital, sinto-me perdida e ansiosa para descobrir o que aconteceu e como cheguei até aqui.

Olho ao meu redor, ainda tentando me orientar no ambiente hospitalar desconhecido. Meus olhos se encontram com os de Ronan, que está sentado em uma poltrona ao meu lado. Seu rosto reflete preocupação e alívio ao mesmo tempo. Sinto uma mistura de emoções ao vê-lo ali, tão próximo de mim.

É bom saber que ele está ao meu lado neste momento confuso e assustador.

Com a voz trêmula, olho para Ronan em busca de respostas. Mas antes mesmo que eu possa formular a pergunta, a preocupação com minha mãe toma conta de mim.

— E a minha mãe? Ela está aqui? Como ela está? — pergunto, com um misto de ansiedade e medo. Meu coração anseia por notícias dela, esperando que esteja bem e que alguém tenha cuidado dela durante todo esse caos.

Ronan olha para mim com seriedade e responde:

— Sua mãe está segura, Lilith. Ela está sendo cuidada. Agora, o mais importante é focar em sua recuperação.

Sinto um pequeno alívio ao saber que minha mãe está em boas mãos, mas ainda há tantas incertezas pairando no ar.

— Eu estou aqui há quanto tempo? Não lembro de muita coisa... — pergunto, massageando a minha têmpora. Céus, que dor de cabeça.

— Você está aqui há dois dias.

Eu ouço a resposta de Ronan e tento processar a informação. Dois dias? Parece uma eternidade. A dor latejante na minha cabeça só intensifica a sensação de confusão.

— Dois dias? Parece que perdi uma parte significativa da minha vida — murmuro, massageando minha têmpora com cuidado. Olho para Ronan em busca de mais respostas, esperando que ele possa preencher as lacunas em minha memória fragmentada.

Enquanto ainda massageio minha têmpora, uma onda de frustração e impotência toma conta de mim.

Como é possível ter perdido dois dias inteiros da minha vida? O que aconteceu durante esse tempo? Sinto-me como um quebra-cabeça com peças faltando, tentando desesperadamente montar a imagem completa.

Olho para Ronan, buscando em seus olhos algum indício, alguma pista que possa me ajudar a reconstruir minha história perdida.

— Ronan, por favor, me ajude a lembrar. O que aconteceu comigo? Por que não consigo recordar esses dois dias? — minha voz trêmula reflete a angústia que se instala em meu coração, enquanto espero ansiosamente suas palavras.

Eu estou tão confusa. Eu preciso desesperadamente de respostas para minhas lacunas.

Ronan olha para mim com ternura, compreendendo minha aflição. Ele segura minhas mãos suavemente, transmitindo conforto em seu toque.

— Lilith, entendo o quão angustiante isso é para você. Infelizmente, ainda não sabemos exatamente o que aconteceu. Os médicos estão investigando e buscando respostas. Mas prometo que estarei ao seu lado durante todo o processo. Vamos encontrar as respostas juntos e superar essa confusão.

Suas palavras acalmam um pouco a tempestade de incertezas dentro de mim, e sinto-me grata por ter alguém tão solidário ao meu lado.

Enquanto a ansiedade continua a me consumir, Ronan permanece ao meu lado, segurando minhas mãos firmemente como um apoio inabalável. Ele olha profundamente em meus olhos e diz:

— Lilith, mesmo que a memória esteja embaçada no momento, lembre-se de que você é forte. Juntos, vamos enfrentar esse desafio e encontrar as respostas que você procura. Não importa o quão confusa ou assustada você esteja, eu estarei aqui para te ajudar a reconstruir os pedaços perdidos.

Suas palavras carregam um sentimento de esperança que começa a amenizar minha aflição, dando-me forças para enfrentar o desconhecido.

Enquanto tento me reconfortar com as palavras de Ronan, uma onda de tontura se apossa de mim. Minha visão se turva e sinto-me desorientada.

— Sangue... tempo... memórias perdidas... — murmuro incoerentemente, minhas palavras escapando sem sentido. A escuridão começa a envolver minha mente mais uma vez, e antes que eu possa entender o que está acontecendo, tudo desaparece em um vazio silencioso.

Quando finalmente recupero a consciência, encontro-me em um ambiente desconhecido, cercada por luzes brilhantes e equipamentos médicos.

Ronan está ao meu lado, segurando minha mão com preocupação estampada em seu rosto.

— Lilith, você desmaiou novamente — ele diz com voz trêmula. — Os médicos estão fazendo o possível para entender o que está acontecendo. Precisamos ter paciência e confiar neles.

Sinto uma mistura de frustração e medo correndo em minhas veias enquanto tento entender por que isso continua acontecendo.

Enquanto aguardamos por mais respostas, prometo a mim mesma que lutarei contra essa escuridão que ameaça me consumir, determinada a recuperar minha memória e retomar o controle da minha vida.

(...)

Confusa e desorientada, não conseguia entender como havia chegado até aquela sala escura de interrogatório. A última coisa que lembrava era estar no hospital, e agora me via diante de um ambiente desconhecido, com uma sensação de opressão no ar. Tentei recompor meus pensamentos e encontrar alguma pista que pudesse me ajudar a entender o que estava acontecendo.

A sala estava mergulhada em uma penumbra sombria, com apenas uma luz fraca iluminando a mesa de metal à minha frente. O silêncio era quase palpável, interrompido apenas pelo som distante de vozes abafadas e passos apressados do lado de fora. Eu me sentia como se estivesse presa em um pesadelo confuso.

Tentei recordar os eventos que me levaram até ali, mas minha mente estava embaçada, como se um véu tivesse sido lançado sobre minhas memórias. Lembranças fragmentadas flutuavam em minha mente, mas não se encaixavam em uma sequência lógica. Como um quebra-cabeça bagunçado, eu lutava para encontrar as peças certas.

Uma hora atrás, eu estava no hospital, cercada por médicos e enfermeiros preocupados com meu estado de saúde. Lembro-me de vozes abafadas e do eco constante dos aparelhos médicos ao meu redor. Eu estava fraca e confusa, mas sentia uma sensação de segurança naquele ambiente controlado.

E agora, subitamente, me vejo nesta sala desconhecida, sem qualquer explicação clara sobre como cheguei aqui. Será que fui levada à força? Será que alguém me sequestrou? As perguntas martelavam em minha mente, aumentando minha ansiedade e medo.

Olhei ao redor em busca de pistas, mas tudo o que encontrava eram paredes nuas e frias. Não havia janelas para o mundo exterior, apenas a sensação claustrofóbica de estar aprisionada. Na parede em minha frente havia um espelho grande e escuro. Eu me sentia vulnerável e desamparada, tentando desesperadamente encontrar respostas para o que parecia ser um enigma sinistro.

Enquanto lutava contra a confusão e o pânico crescente, o delegado adentrava a sala, trazendo consigo uma mistura de autoridade e curiosidade em seu olhar. Seu olhar perspicaz percorria o ambiente, capturando cada detalhe como se fossem peças de um quebra-cabeça a ser montado.

Ele se aproximou lentamente de mim, mantendo uma expressão séria e concentrada.

— Sou o delegado Marshall — anunciou, sua voz firme ecoando na sala. — Estou aqui para investigar o ocorrido e descobrir a verdade por trás desse incidente.

Com a voz ainda trêmula, relatei cada detalhe do incidente, desde o momento em que me vi confrontada pela ameaça até o desespero que tomou conta de mim. Expliquei como agi instintivamente, movida pelo medo e pela necessidade de me proteger. Cada palavra que saía dos meus lábios era uma tentativa de transmitir a intensidade da situação e o turbilhão de emoções que eu experimentei naquele momento.

O delegado ouviu atentamente, fazendo anotações enquanto eu falava. Sua expressão séria transmitia a importância do caso e a responsabilidade de tomar as decisões corretas. Eu sabia que ele estava analisando cada detalhe em busca da verdade.

Após concluir meu depoimento, senti um misto de alívio e apreensão. Agora, cabia ao sistema de justiça determinar se minhas ações foram realmente legítima defesa. Enquanto esperava pelo desfecho, prometi a mim mesma que continuaria lutando contra a escuridão que ameaçava me consumir.

Finalmente, ele quebrou o silêncio:

— Obrigado por sua cooperação, Lilith. Essas informações são valiosas para a investigação. Vou analisar todos os detalhes e seguir as pistas para descobrir a verdade.

Senti um misto de esperança e ansiedade ao ouvir suas palavras. Confiei no delegado Marshall para conduzir a investigação de forma justa e minuciosa, buscando a verdade por trás do ocorrido.

CAPÍTULO 9

Depois de uma semana de ansiedade, finalmente chegou o dia do julgamento. Fiquei aliviada ao saber que Ronan havia contratado o melhor advogado da cidade para me defender. Ao adentrar a sala de audiências, senti um misto de nervosismo e esperança.

O juiz iniciou a sessão ressaltando a importância de se analisar todas as evidências cuidadosamente. Ao longo das investigações, ficou claro que agi em legítima defesa, uma vez que minha vida estava em risco naquele momento.

Meu advogado, com sua eloquência e profundo conhecimento jurídico, apresentou uma sólida argumentação em minha defesa. Ele destacou cada detalhe que comprovava minha inocência e ressaltou a necessidade de considerar o contexto no qual ocorreu o incidente.

Enquanto meu advogado discursava com maestria perante o júri, senti uma onda de esperança renovada. Suas palavras eram convincentes e transmitiam a verdade dos fatos. Acreditei com todas as minhas forças que a justiça seria feita.

Após horas de depoimentos e debates intensos, chegou o momento crucial: o veredicto. O juiz, com sua voz solene, anunciou que, com base nas investigações e na análise minuciosa das provas apresentadas, reconhecia que agi em legítima defesa.

O alívio tomou conta de mim. As lágrimas de felicidade escorreram pelo meu rosto enquanto abraçava meu advogado, grata por sua dedicação incansável em me defender. A injustiça havia sido afastada, e eu poderia seguir em frente com minha vida, livre do peso que carreguei durante todo esse processo.

Assim que saímos do tribunal, meus olhos encontraram os de Ronan, que estava esperando por mim. Emocionada, corri para seus braços, e ao lado dele estava minha mãe, com lágrimas de alegria nos olhos. Finalmente, estávamos todos reunidos, prontos para recomeçar e construir um futuro cheio de amor e união.

Ronan olhou para mim com um brilho travesso nos olhos e disse:

— Precisamos comemorar essa vitória! Tenho planos especiais para nós esta noite.

Curiosa e animada, perguntei o que ele tinha em mente. Ele sorriu misteriosamente e disse:

— Vamos ao parque de diversões, relembrar nossa infância e criar novas memórias juntos. — Mal podia esperar para embarcar nessa aventura ao lado do meu melhor amigo.

Quando me afastei totalmente de Ronan, meus olhos se encontraram com os de minha mãe. Minha mãe olhou para mim com orgulho e alívio. Ela disse:

— Minha querida, estou tão feliz que essa injustiça tenha sido afastada de você. Você é forte e corajosa, e merece toda a felicidade do mundo.

Emocionada, abracei-a apertado e respondi:

— Obrigada, mãe. Não teria conseguido sem o amor e apoio incondicionais de você e de Ronan.

Ela sorriu e acrescentou:

— Agora é hora de deixar o passado para trás e focar o futuro. Vamos aproveitar cada momento juntas e construir uma vida cheia de alegria e realizações.

Assenti com gratidão, sabendo que teria a minha mãe ao meu lado em cada passo dessa nova jornada.

Antes de irmos ao parque de diversões, decidi ir para casa tomar um banho revigorante e trocar de roupas. Enquanto começava a anoitecer, escolhi um vestido leve e colorido, perfeito para a ocasião. Minha mãe, no entanto, decidiu não nos acompanhar, preferindo aproveitar a tranquilidade em casa.

Enquanto me arrumava, pude ouvir Ronan esperando pacientemente na sala. Quando saí, ele olhou para mim com admiração e disse:

— Você está deslumbrante.

Sorri e agradeci seu elogio sincero. Juntos, caminhamos em direção à sua Porsche vermelha, ansiosos pela noite cheia de diversão que nos aguardava.

A brisa suave da noite acariciava nossos rostos enquanto percorríamos as ruas iluminadas em direção ao parque de diversões. O som do motor da Porsche ecoava pela cidade, adicionando uma dose extra de empolgação à nossa jornada.

Enquanto dirigíamos, conversávamos e ríamos, relembrando histórias engraçadas e momentos compartilhados ao longo dos anos. Ronan sempre teve o dom de me fazer sentir especial e, naquele momento, não era diferente. Sua presença ao meu lado era reconfortante e me fazia perceber o quão sortuda eu era por tê-lo como amigo.

Ao chegarmos ao parque de diversões, as luzes coloridas e os sons animados nos envolveram. Segurando a mão de Ronan, entramos no mundo mágico cheio de montanhas-russas emocionantes, jogos desafiadores e guloseimas tentadoras.

Caminhando lado a lado, experimentamos cada atração com entusiasmo juvenil. Gritamos de emoção nas montanhas-russas mais radicais, desafiamos nossas habilidades nos jogos para ganhar prêmios fofinhos e nos deliciamos com algodão-doce e pipoca.

Enquanto a noite avançava, as luzes do parque de diversões se tornavam ainda mais brilhantes. O riso contagiante e as memórias que estávamos criando juntos eram verdadeiros tesouros que guardaríamos para sempre em nossos corações.

E assim, sob as estrelas cintilantes e a magia do parque de diversões, nossa amizade se fortalecia ainda mais. Sabíamos que, acontecesse o que acontecesse, poderíamos sempre contar um com o outro para celebrar as vitórias e enfrentar os desafios da vida.

Naquela noite, deixamos para trás qualquer preocupação e nos entregamos à alegria, à liberdade e à felicidade compartilhada. Juntos, criamos memórias preciosas que nos lembrariam para sempre da força do amor, da amizade e da superação.

Enquanto explorávamos o parque de diversões, avistei Matthew e Briana juntos em um canto, rindo e se divertindo. Meu coração afundou um pouco ao testemunhar a proximidade entre eles. Parecia que tudo o que compartilhamos, todos os momentos especiais, não tinham valor para Matthew.

Uma onda de tristeza e confusão tomou conta de mim. Sentia-me invisível naquele momento, como se meu lugar ao lado de Matthew tivesse sido substituído.

Tentei disfarçar minha tristeza, forçando um sorriso enquanto continuávamos a explorar o parque. Mas por dentro uma tempestade de emoções estava acontecendo. Era difícil para mim aceitar que talvez Matthew não me valorizasse.

Em um momento, ele bate em Carter, e me chama de "minha garota". E em outro, ele já está com outra mulher.

No entanto, decidi não deixar essa situação me definir. Resolvi aproveitar o restante da noite com Ronan ao meu lado, lembrando-me de que tenho pessoas verdadeiras e leais ao meu redor.

Enquanto as luzes do parque de diversões brilhavam intensamente, decidi deixar para trás as expectativas e a tristeza. Escolhi focar a amizade genuína que tinha com Ronan e todas as outras pessoas que me apoiavam.

Ainda havia muitas aventuras para viver e momentos felizes para compartilhar. E mesmo que as coisas parecessem difíceis no momento, eu sabia que encontraria forças para seguir em frente e encontrar a verdadeira felicidade em outros lugares e com pessoas que valorizassem a minha presença.

Eu decidi que era hora de ir para casa e compartilhei com Ronan meu desejo de partir.

— Ronan, acho que é melhor irmos para casa agora. Estou me sentindo um pouco abalada com tudo o que aconteceu hoje — eu disse a ele, com uma voz cansada.

Ele olhou para mim com compreensão em seus olhos.

— Claro, Lili. Se você precisar de um tempo para processar tudo, eu te apoio totalmente. Vamos voltar para casa.

No caminho de volta, Ronan foi um ombro amigo, me ouvindo enquanto eu desabafava sobre minha tristeza e confusão em relação a Matthew. Ele me encorajou a cuidar de mim mesma e a não permitir que essa situação afetasse minha autoestima.

Quando finalmente cheguei em casa, senti um alívio no ar. A ausência de Lorenzo trouxe uma sensação de paz para o ambiente. No entanto, ao mesmo tempo, meu coração se apertou de tristeza por ter sido eu quem tirou a vida do marido da minha mãe.

Encontrei minha mãe na sala, olhando para uma foto antiga deles dois juntos. Ela parecia cansada e abatida.

— Mãe, estou em casa — murmurei suavemente, tentando encontrar as palavras certas. — Sinto muito por tudo o que aconteceu com Lorenzo. Eu... eu não queria que as coisas terminassem assim.

Ela virou-se para mim, seus olhos cheios de tristeza e dor.

— Lilith, não coloque esse fardo em você. O que aconteceu foi uma tragédia, mas você não é responsável por isso. Lorenzo fez suas próprias escolhas.

As lágrimas começaram a escorrer pelo meu rosto.

— Eu sei, mãe, mas ainda assim... Eu sinto como se tivesse tirado algo de você. Eu não queria que ele morresse.

Minha mãe se aproximou e me abraçou com carinho.

— Minha querida, você precisa se perdoar. Você não tem culpa pelo que aconteceu. O importante agora é seguir em frente e encontrar uma maneira de curar nossos corações partidos juntas.

Enquanto nos abraçávamos, senti um senso de conexão e amor entre nós. Sabia que o caminho da cura seria longo, mas com o apoio uma da outra, poderíamos encontrar a força para superar essa tragédia e reconstruir nossas vidas.

Juntas, começamos a enfrentar os desafios que estavam à nossa frente, sabendo que o amor e o apoio mútuo seriam a base para a cura e a esperança.

Subi as escadas, exausta depois de um longo dia, ansiosa para tomar um banho relaxante e trocar de roupa. Ao chegar ao meu quarto, algo imediatamente chamou minha atenção: um bilhete sinistro repousava na minha penteadeira, como uma sombra ameaçadora em meio à tranquilidade do ambiente.

Meu coração disparou no peito enquanto me aproximei cautelosamente. As palavras escritas no papel pareciam saltar para fora, formando uma mensagem perturbadora que enviava arrepios pela minha espinha. Era uma ameaça vinda de Caym, o nome que me fez tremer de medo.

Instintivamente, peguei meu celular e tirei uma foto do bilhete, desejando compartilhar essa terrível descoberta com alguém em quem eu pudesse confiar. Ronan veio à minha mente instantaneamente. Ele sempre foi meu porto seguro, alguém capaz de me ajudar nessas situações assustadoras.

Com as mãos trêmulas, enviei a foto para Ronan e aguardei ansiosamente por sua resposta. Minutos pareciam horas enquanto a incerteza tomava conta de mim. Meu pensamento estava repleto de preocupações sobre o que poderia acontecer a seguir. Será que Caym estava realmente por perto? Será que eu estava em perigo iminente?

Cada segundo que passava era uma tortura para minha mente inquieta. Eu me sentia vulnerável e exposta, como se alguém estivesse observando cada movimento meu. Minha imaginação começou a criar imagens assustadoras, alimentando meus medos mais profundos.

Finalmente, o som familiar de uma notificação em meu celular quebrou o silêncio angustiante do quarto. Era uma mensagem de Ronan. Meu coração pulou de alívio ao abrir o chat e ler suas palavras tranquilizadoras. Ele prometeu estar ao meu lado e ajudar a desvendar esse mistério sombrio.

Respirei fundo, sentindo uma pequena faísca de coragem se acender dentro de mim. Eu não enfrentaria essa ameaça sozinha. Com Ronan ao meu lado, eu sabia que teria a força necessária para enfrentar qualquer desafio que Caym colocasse em nosso caminho.

Decido ignorar a ameaça de Caym por ora e ir tomar banho.

Após tomar um banho revigorante, decidi descansar e me preparar para o desafio de amanhã, pois sei que uma boa noite de sono me deixará pronta para encarar a aula com energia.

Na manhã seguinte, enquanto saboreava meu café da manhã, meu celular começou a tocar. Era Ronan. Deus, eu amo esse garoto.

Com uma animação contagiante em sua voz, ele sugeriu que aproveitássemos o dia juntos e explorássemos um novo lugar que havíamos descoberto recentemente.

Enquanto ouvia suas palavras cheias de entusiasmo, uma ideia começou a se formar em minha mente. Há algum tempo, eu vinha ponderando sobre a possibilidade de trancar a faculdade. Embora estivesse estudando algo de que gostava, sentia que precisava de um tempo para me dedicar às minhas paixões pessoais e descobrir mais sobre mim mesma.

Compartilhei meus pensamentos com Ronan e ele me apoiou completamente. Ele sempre foi alguém que valorizou a busca pela felicidade e a realização pessoal acima de convenções sociais. Juntos, decidimos que hoje seria o dia em que eu oficialmente trancaria a faculdade e abriria espaço para novas experiências e aprendizados.

A sensação de liberdade misturada com um certo nervosismo tomou conta de mim. Eu sabia que essa decisão poderia gerar questionamentos e até mesmo julgamentos das pessoas ao meu redor, mas senti uma confiança interior de que estava seguindo o caminho certo para mim.

Após encerrar a ligação com Ronan, respirei fundo novamente, consciente de que essa era uma escolha importante e definitiva. Subi até meu quarto novamente para me arrumar.

Assim que terminei de me arrumar, Ronan chegou. Ele é tão pontual.

Hoje, eu estava abrindo mão da rotina previsível da faculdade para me permitir explorar o mundo e mergulhar em projetos pessoais que sempre desejei realizar. Era um passo corajoso que me deixava animada e curiosa sobre o que o futuro reservava.

E assim, com Ronan ao meu lado, pronto para enfrentar qualquer obstáculo que surgisse em nosso caminho, embarquei nessa nova jornada com o coração aberto e a determinação de viver cada momento com intensidade. Afinal, a vida é uma aventura esperando para ser explorada, e eu estava pronta para mergulhar de cabeça nessa jornada incrível.

Assim que entrei no carro, Ronan me recebeu com seu sorriso encantador.

— Bom dia, minha querida! Dormiu bem? — ele disse, e o motor rugiu para a vida. — Coloque a música que quiser — ele disse me dando seu celular.

Eu coloquei a nossa música: "Him & I - G-Eazy & Halsey".

— Essa música é perfeita para começar o dia com animação.

— Essa é a nossa música — eu revelo.

— Ela definitivamente é nossa, sweetheart — ele diz, com um sorriso de orelha a orelha. Eu lhe dei um sorriso e seguimos viagem.

A primeira parada foi em uma trilha cercada por uma exuberante natureza, onde caminhamos e nos maravilhamos com a beleza das paisagens.

Depois, seguimos para um café aconchegante no centro da cidade, onde nos deliciamos com um café quente e um pedaço de bolo caseiro. Enquanto conversávamos animadamente, trocamos ideias sobre nossos projetos pessoais e sonhos que queríamos alcançar.

A próxima parada foi em um estúdio de arte local, onde participamos de uma divertida aula de pintura. Com pincéis e tintas coloridas, deixamos nossa criatividade fluir e criamos verdadeiras obras de arte que refletiam nossas emoções e pensamentos do momento.

A tarde estava apenas começando, então decidimos visitar um parque de diversões nas proximidades. Rimos como crianças enquanto experimentávamos os brinquedos emocionantes, desafiando nossos medos e aproveitando cada momento cheio de adrenalina.

Após tantas atividades empolgantes, paramos em um restaurante charmoso para saborear um almoço especial. Enquanto apreciávamos a comida deliciosa, conversamos sobre nossas aventuras passadas e as memórias que construímos juntos ao longo dos anos.

À tarde, fizemos uma pausa para relaxar em uma praia tranquila. Sentimos a brisa suave do lago acariciar nosso rosto enquanto caminhávamos pela areia macia e observávamos o pôr do sol dourado no horizonte. Era um momento de paz e gratidão, onde nos conectamos com a natureza e apreciamos a simplicidade da vida.

Para encerrar o dia de forma memorável, decidimos assistir a um filme no cinema, escolhendo uma comédia para nos fazer rir e esquecer qualquer preocupação. Entre risadas e pipoca, aproveitamos o momento descontraído e nos divertimos como nunca.

Enquanto dirigíamos de volta para casa, exaustos, mas com corações cheios de felicidade, percebemos que esse dia havia sido uma verdadeira celebração da vida e da amizade.

Tínhamos feito tantas coisas legais juntos, criando memórias preciosas que nos acompanhariam para sempre.

Chegando em casa, agradeci a Ronan por ter me proporcionado um dia tão incrível. Com um sorriso no rosto e o coração cheio de gratidão, sabia que esse dia seria lembrado como uma das melhores aventuras que já vivi. E com Ronan ao meu lado, sabia que muitas outras esperavam por nós no futuro.

Ao chegar em casa, emocionada com todas as experiências vividas, decidi compartilhar a magia desse dia especial no Instagram. Selecionei cuidadosamente as melhores fotos que capturaram os momentos mais significativos.

As fotos capturavam momentos de pura felicidade e diversão. Em uma delas, Ronan e eu estávamos com sorrisos radiantes enquanto caminhávamos por uma trilha cercada por árvores frondosas e coloridas. O sol brilhava intensamente, iluminando nossos rostos e realçando a beleza da natureza ao nosso redor.

Em outra foto, estávamos sentados em um piquenique improvisado, rindo e desfrutando de uma refeição deliciosa. As expressões de alegria eram evidentes em nossos olhares e gestos descontraídos. O cenário era perfeito, com um lago sereno refletindo o céu azul acima de nós.

Havia também uma foto em que estávamos em uma montanha-russa emocionante, com os braços para o alto e gritando de empolgação. As emoções transbordavam em nossos rostos enquanto experimentávamos a adrenalina da velocidade e dos giros vertiginosos.

Uma das fotos mais tocantes era um abraço caloroso entre nós dois, no topo de uma montanha após uma longa caminhada. Estávamos exaustos, mas nossos sorrisos revelavam a satisfação de superar desafios e desfrutar da vista panorâmica que se estendia diante de nós. Era um momento de cumplicidade e gratidão que ficaria marcado em nossos corações para sempre.

Entre as fotos, havia uma imagem mágica de nós dois no pôr do sol na praia. O céu estava pintado em tons de laranja e rosa, refletindo-se nas águas calmas e cristalinas. Estávamos de costas para a câmera, abraçados e com minha cabeça descansando suavemente no ombro do Ronan. Era um momento de pura paz e tranquilidade, em que podíamos sentir a brisa suave acariciando nossos rostos e ouvir o som das ondas quebrando suavemente na praia. Aquele abraço era reconfortante, transmitindo todo o carinho e apoio que compartilhávamos. Era como se nada mais importasse naquele momento, apenas a nossa presença um ao lado do outro, apreciando a beleza do pôr do sol e a magia daquele instante.

Cada foto transmitia a energia contagiante daquela jornada especial. Eram registros de momentos em que nos permitimos ser completamente livres, aproveitando cada instante e celebrando a amizade verdadeira. A felicidade estampada em nossos rostos era um reflexo da conexão profunda que tínhamos, da confiança mútua e do apoio incondicional que compartilhávamos.

Ao olhar para essas fotos, eu me lembrava de como é importante valorizar as experiências simples da vida e as pessoas que tornam esses momentos especiais. Eram memórias vivas, eternizadas em imagens que contavam uma história de amizade, alegria e aventura.

Depois do meu longo dia com Ronan, decido trancar a faculdade de forma on-line mesmo, pois estou me sentindo sobrecarregada e preciso de um tempo para cuidar de mim mesma e refletir sobre minhas prioridades e objetivos.

Depois que finalmente tranquei a faculdade, meu telefone começa a tocar. Hyun. O que ele quer?

— Olá, gata. Como você está? — Hyun pergunta assim que atendo ao telefone.

— Bem. O que você quer? — pergunto, claramente sem paciência.

— Eu também estou bem. Obrigado por perguntar. Bem, daqui a dois dias haverá um racha.

— Assim de última hora?

— Sim. Os The Golden Crowns querem uma revanche. O cara não aceitou muito bem a derrota. Eles pagaram bem, então eu topei.

— Porra. O Caym? Não vamos correr nem a pau.

— Você sabe as regras. Vocês não têm escolha. A não ser que você me pague 15 mil dólares.

— Eu não vou pagar, e também não vou correr.

— Então, você não entra mais nas minhas corridas. Vocês estão fora — ele diz, quase de imediato.

— Você acha mesmo que consegue me manipular? Hijo de puta.

— Hijo de puta é você, sua cadela asquerosa.

Eu desligo o telefone na cara dele. Respirei fundo e tentei acalmar minha raiva. Não queria deixar essa situação estragar minha noite.

Tenho que avisar o Ronan, então eu mando uma mensagem para ele.

Oi, Ronan. Hyun acabou de me ligar. Caym quer uma revanche.

Vamos correr daqui dois dias. Não temos nenhuma escolha.

Ronan <3

Não se preocupe, Lili. Eu estou com você. Vamos nos preparar e vencer essa revanche juntos.

Sentindo-me mais tranquila após receber a mensagem reconfortante de Ronan, decidi que era hora de descansar. O dia tinha sido cheio de emoções e desafios, e eu precisava recarregar minhas energias para enfrentar o que estava por vir.

Deitei-me na cama e fechei os olhos, permitindo que pensamentos positivos preenchessem minha mente. Visualizei-me correndo com determinação, ultrapassando os obstáculos e cruzando a linha de chegada com um sorriso de vitória.

Enquanto a calma tomava conta de mim, comecei a refletir sobre a importância da amizade e do apoio mútuo. Ronan sempre esteve ao meu lado nos momentos difíceis, incentivando-me a nunca desistir. Sua presença era um verdadeiro bálsamo para minha alma.

Com um suspiro de alívio, senti-me grata por ter alguém como ele em minha vida. Sabia que juntos poderíamos enfrentar qualquer desafio, inclusive essa revanche contra Caym. A confiança em nossa parceria fortalecia minha determinação.

Acomodada entre os lençóis macios, deixei que o cansaço me envolvesse lentamente. Sabia que precisava descansar para estar preparada no dia seguinte. A corrida exigiria não apenas força física, mas também clareza mental e foco.

Antes de adormecer completamente, prometi a mim mesma que acordaria renovada e pronta para enfrentar tudo o que viesse pela frente. Com Ronan ao meu lado e a motivação pulsando em meu peito, eu sabia que nada poderia me deter.

Com essa determinação no coração, entreguei-me ao sono reparador, confiante de que o amanhã seria um novo dia repleto de oportunidades e conquistas.

(...)

Quando acordei de manhã, fiquei olhando para o teto por um tempo, preocupada com a revanche de Caym. Mas logo decidi tirar isso da cabeça e fui para a cozinha preparar meu café da manhã. Enquanto descia as escadas, avistei Ronan na sala, conversando animadamente com a minha mãe.

— Bom dia, Lili! Tome seu café e se arrume rapidinho, vamos para um barracão afastado da cidade testar os carros para a corrida — disse Ronan com entusiasmo.

— Os outros já estão lá? — perguntei surpresa. Ronan assentiu com um sorriso maroto.

— Sim, eles já estão esperando ansiosos para ver o que essas máquinas podem fazer. Vai ser uma manhã cheia de adrenalina!

Empolgada com a ideia, peguei minha xícara de café e me sentei à mesa.

— Mal posso esperar! Essa corrida promete ser incrível — eu falei, forçando um sorriso, pois a realidade é outra. Estou muito nervosa, e nem um pouco empolgada. Nós não sabemos do que Caym é capaz.

Enquanto tomava meu café, Ronan continuou explicando os detalhes do teste.

— Vamos levar os carros para o limite máximo de velocidade e desempenho. Quero ver se conseguimos ajustar alguma coisa antes da corrida oficial.

— Tenha cuidado, Lilith! Lembre-se de que segurança em primeiro lugar — minha mãe disse se juntando à conversa.

Assenti, levantando-me para guardar a xícara na pia.

— Pode deixar, mãe! Vamos nos divertir e tomar todas as precauções necessárias. — Ronan também levantou, pronto para partir.

— Vamos nessa, Lili!

Sorri animada e me dirigi ao meu quarto para me arrumar. Enquanto colocava minhas roupas sentia a adrenalina pulsando em minhas veias. Apesar de estar preocupada em relação ao Caym, eu amo correr.

Quando finalmente saímos de casa, Ronan dirigindo seu carro esportivo e eu no banco do passageiro, senti uma mistura de nervosismo e empolgação. Estava pronta para enfrentar qualquer desafio que viesse pela frente.

No caminho até o barracão, Ronan e eu conversamos o tempo todo.

Chegamos ao local onde os motores roncavam, transmitindo uma energia contagiante.

Os outros membros da gangue se aproximaram, cumprimentando-nos com sorrisos amigáveis.

Ficamos horas testando nossos carros e conversando. Contei a eles sobre minha conversa nem um pouco agradável com Hyun.

E assim, entre risadas, conversas animadas e a emoção da velocidade, passamos o dia testando os carros e aprimorando nossas habilidades. Era um verdadeiro paraíso para os amantes das corridas.

Naquele barracão afastado da cidade, eu me sentia viva e livre. Sabia que estava no lugar certo, rodeada por pessoas que compartilhavam a mesma paixão pelo automobilismo.

Enquanto o sol se punha no horizonte, encerramos o teste e nos despedimos com promessas de nos encontrarmos novamente na corrida oficial.

Voltando para casa, senti-me realizada e ansiosa pelo que o futuro reservava. Aquela experiência no barracão tinha acendido uma chama dentro de mim, uma determinação feroz para alcançar a vitória.

E assim, com o vento soprando em meus cabelos e a estrada à minha frente, eu sabia que estava pronta para enfrentar qualquer desafio que viesse pela frente.

CAPÍTULO 10

No outro dia à tarde, enquanto eu estava relaxando em casa, meu telefone tocou. Era o Ronan. Assim que atendi, pude ouvir a sua voz cheia de emoção e adrenalina.

— Ei, Lili! Eu e os outros caras estamos aqui em frente à sua casa. Vamos arrebentar o Caym novamente. Eu vim testando o carro, ele está perfeito.

— Eu vou me arrumar e vou aí, Ronan — eu digo, desligando o telefone.

Rapidamente coloquei meu equipamento de corrida e saí para me juntar ao resto da minha equipe.

Pude ver que Ronan já estava acelerando o motor, ansioso para enfrentar Caym mais uma vez. Sorri ao sentir a excitação crescendo dentro de mim. Seria uma corrida dividida, uma revanche contra nosso maior inimigo. Caym foi nosso adversário mais difícil e sabíamos que ele não lidou muito bem com a derrota. Mas estávamos prontos para enfrentá-lo mais uma vez.

Assim que chegamos ao local da corrida, ele estava lotado. A multidão estava vibrante, cheia de expectativa pelo confronto entre nós e Caym. O som dos motores rugindo preenchia o ar, criando uma atmosfera eletrizante. Sabíamos que tínhamos um desafio pela frente, mas estávamos confiantes em nossa habilidade de vencer. Os olhares determinados da equipe refletiam a determinação em nossos corações. Era hora de mostrar do que éramos capazes.

Estacionamos nossos carros e fomos pegar algo para beber.

Nos dirigimos até o estande de bebidas, onde encontramos uma variedade de opções refrescantes. Escolhemos nossas bebidas favoritas, ansiosos para saciar nossa sede antes da corrida. Enquanto saboreávamos as bebidas geladas, trocávamos histórias e estratégias para o desafio iminente. A energia contagiante do evento estava nos envolvendo cada vez mais. Estávamos prontos para mostrar nossa paixão pela velocidade e dominar a pista novamente.

Ao fundo, o som contagiante de uma música animada preenchia o ambiente. Sem conseguir resistir à batida contagiante, eu e Ronan começamos a dançar, deixando-nos levar pelo ritmo pulsante. Os passos de dança se misturavam à empolgação e à alegria que enchiam o ar. Rimos e nos divertimos por um longo tempo, aproveitando cada momento antes da corrida começar. Esses momentos de descontração fortaleceram ainda mais nosso espírito de equipe e nos prepararam para enfrentar o desafio com ainda mais determinação.

O anúncio do sinal de partida iminente ecoou pelo local, trazendo uma onda de entusiasmo e tensão.

— Me deseje sorte, sweetheart — Ronan disse me dando um abraço apertado e um beijo em minha testa.

— Boa sorte. Eu amo você! — falei, enquanto ele se afastava.

— Eu também amo você — ele disse, virando para trás e fazendo um coração para mim. Eu não sei o que faria sem ele. Eu o amo tanto que chega a doer.

Ronan se dirigiu rapidamente ao Caym para alinhar o carro, fazendo os últimos ajustes e conferindo cada detalhe. Enquanto isso, Caym, nosso formidável adversário, também se posicionava ao lado, preparando-se para a batalha na pista. O ar estava carregado de expectativa enquanto aguardávamos o momento exato em que a corrida começaria.

Os motores rugiram ferozmente esperando o sinal para dar partida. E então, tudo começou.

O sinal finalmente foi dado, e eles aceleraram com tudo. A corrida seguia em um ritmo intenso, até a maldita quarta curva chegar.

Caym encontrou uma oportunidade e ultrapassou Ronan. Determinado a não perder a posição, Ronan tentou acelerar ainda mais, porém o carro derrapou inesperadamente. O controle escapou de suas mãos.

O som ensurdecedor do carro derrapando ecoa em meus ouvidos, enquanto o cheiro pungente de borracha queimada invade minhas narinas. Meu coração dispara e instintivamente coloco a mão na boca, horrorizada ao assistir a Porsche de meu melhor amigo capotar repetidamente.

1... 2... 3... 4... 5... 6 vezes.

O carro de Ronan capotou 6 vezes.

E eu não pude fazer nada além de observar.

O medo e a preocupação tomam conta de mim, esperando pelo momento em que a poeira assentará e a verdadeira extensão dos danos será revelada.

Desesperada, vou correndo em direção ao carro de Ronan, enquanto Logan tenta me segurar.

— Já ligamos para os médicos, eles estão vindo — ele diz, mas eu me solto e não consigo esperar pelos médicos. Quero ver meu melhor amigo uma última vez antes que seja tarde demais.

O tempo parece parar ao meu redor. Com todo o meu coração partido, tento desesperadamente tirar Ronan do carro, mas ele parece tão frágil, tão inerte. Minhas mãos tremem e lágrimas escorrem pelo meu rosto enquanto grito seu nome, implorando para que ele acorde. A dor é insuportável, uma sensação agonizante que parece se espalhar por todo o meu ser.

Passa-se um tempo que parece uma eternidade, mas ainda assim não é o suficiente. Os paramédicos chegam e gentilmente me afastam do corpo de Ronan. Sinto-me como se estivesse sendo arrancada de uma parte de mim mesma, enquanto minha alma grita em angústia e desespero. Cada batida do meu coração é uma dor lancinante, uma lembrança constante da perda irreparável que acabei de sofrer.

Meu peito está apertado, como se um peso insuportável estivesse esmagando minha respiração. Cada respiração é um esforço doloroso, como se eu estivesse carregando o peso do mundo nas minhas costas. Minhas lágrimas não cessam, e sinto como se nunca mais pudesse sorrir novamente.

A dor é avassaladora, uma ferida aberta que parece não cicatrizar nunca. Minha mente está turva, cheia de memórias compartilhadas e sonhos desfeitos. Sinto-me perdida em um mar de tristeza e saudade, incapaz de encontrar consolo ou paz.

Ronan era mais do que um amigo para mim; ele era meu confidente, meu apoio inabalável. Agora, ele se foi, deixando um vazio profundo em meu coração. A dor é tão intensa que às vezes sinto que meu próprio corpo não é capaz de suportá-la.

Neste momento sombrio, só posso me agarrar às lembranças preciosas que temos juntos e ao amor que compartilhamos. Mas, por enquanto, estou mergulhada na tristeza, afogada em lágrimas e com o coração partido em pedaços.

Olho para trás, esperando encontrar algum apoio, mas vejo apenas o vazio. Todos partiram, preocupados em evitar problemas com a polícia.

Não tem ninguém.

Eu não tenho ninguém.

Ashley, quem eu acreditava ser minha melhor amiga, James... Eu os vi aqui. Mas nenhum deles está aqui presente enquanto eu estou morrendo de joelhos.

Os médicos se aproximam de mim e posso sentir sua preocupação e pena. Eles se voltam para mim e dizem as palavras que eu nunca quis ouvir:

— Ele está morto. Eu sinto muito.

Ao ouvir essas palavras, sinto como se meu coração estivesse se partindo em milhões de pedaços. A dor é insuportável e as lágrimas começam a escorrer pelo meu rosto.

Não posso acreditar que ele se foi e nunca mais poderei vê-lo. Sinto-me tão sozinha e o mundo parece tão opaco novamente. Perdi meu pai e agora meu melhor amigo também se foi. Não acredito… Parece um pesadelo do qual não consigo acordar.

Lembro-me de nossas memórias juntos, das risadas e da alegria que compartilhamos. Sinto que tudo acabou agora e não tenho ninguém a quem recorrer.

Ashley e James não estão em lugar nenhum, e me pergunto se eles se importam.

Mas, neste momento, os médicos me dão uma certeza. Eles explicam o que aconteceu e como ele faleceu na hora, e que ele não sentiu tanta dor assim.

Após algum tempo, o carro da funerária chegou para levar o corpo do meu querido Ronan. Meu coração apertou ao vê-lo sendo cuidadosamente colocado no veículo, como se fosse um adeus final e definitivo. O ambiente ficou carregado de emoções intensas, uma mistura de tristeza, saudade e incredulidade.

Enquanto o carro da funerária se afastava lentamente, meu olhar fixava-se naquele momento de despedida. Era difícil aceitar que nunca mais ouviria sua risada contagiante, nunca mais sentiria seu abraço acolhedor. Tantas memórias compartilhadas agora pareciam distantes demais.

Eu peguei o carro e dirigi de volta para casa naquela noite assustadoramente horrível. Só agora eu percebi como a chuva caía forte e os trovões ecoavam pelo céu, parecendo ecoar minha tristeza interior. Assim que cheguei em casa, ainda chorando, minha mãe me recebeu com preocupação.

— Querida! O que houve?

— Mãe, aconteceu algo terrível — eu disse soluçando. — Ronan... ele morreu durante o racha. Ele perdeu o controle do carro e capotou seis vezes.

Minha mãe ficou em choque, seus olhos se encheram de lágrimas ao ver minha dor. Ela me abraçou apertado, tentando encontrar palavras para confortar meu coração partido.

— Meu amor, sinto muito por sua perda. Ronan era um bom amigo — ela disse com a voz embargada.

Nós nos sentamos no sofá e eu contei a ela tudo o que havia acontecido naquela noite fatídica. Compartilhei minhas memórias preciosas de Ronan, as risadas partilhadas e as aventuras vividas juntos. As lágrimas continuaram a cair enquanto falávamos sobre a injustiça dessa tragédia.

Após um tempo de conversa profunda e sincera, senti a necessidade de me recompor um pouco.

— Mãe, vou para o quarto tomar um banho e tirar essa roupa — disse com a voz trêmula. Minha mãe assentiu compreensivamente.

— Claro, meu amor. Tome o tempo que precisar. Estarei aqui quando você voltar.

No quarto, enquanto a água quente do chuveiro caía sobre mim, deixei minhas lágrimas se misturarem com as gotas que escorriam pelo meu rosto. Cada gota parecia levar consigo um pouco da dor e do luto que me consumiam.

Respirei fundo, buscando forças para enfrentar a realidade cruel. Ao sair do banho e vestir uma roupa confortável, senti um pequeno alívio físico. Embora a tristeza ainda estivesse presente, o ato de cuidar de mim mesma me trouxe um leve consolo.

A noite lá fora continuava escura e tempestuosa, mas dentro de mim, uma chama de esperança começava a brilhar timidamente. Sabia que o caminho do luto seria longo e desafiador, mas estava determinada a honrar a memória de Ronan e encontrar paz em meu coração.

(...)

Na manhã seguinte, acordei com os olhos inchados e o coração ainda pesado. Sei que hoje será um dia difícil, pois é o dia do velório de Ronan. Levantei-me lentamente da cama e me vesti com uma roupa sóbria e respeitosa.

Ao chegar no velório, avistei Ashley, James e Matthew presentes. Apesar da raiva inicial, decidi focar a memória de Ronan e o apoio aos pais dele, que compartilhavam a mesma dor intensa. Compreendi que todos lidavam com a perda de maneiras diferentes e optei por buscar conforto na união e compaixão.

Enquanto me aproximava dos pais de Ronan, pude ver a tristeza em seus olhos e a dor profunda que carregavam em seus corações. Com um nó na garganta, abracei-os com força, sabendo que não existiam palavras capazes de aliviar sua dor.

Juntos, compartilhamos histórias e lembranças de Ronan, rindo e chorando ao relembrar sua personalidade vibrante e seu espírito contagiante. Era reconfortante ver que, apesar da perda devastadora, eles ainda encontravam forças para sorrir e celebrar a vida de seu filho amado.

Enquanto conversávamos, pude sentir a presença reconfortante de Ronan pairando sobre nós. Era como se seu espírito estivesse presente, unindo-nos em um momento de conexão profunda. Era uma lembrança de que, mesmo na ausência física, o amor e a memória de Ronan continuariam vivos.

Enquanto os pais de Ronan compartilhavam suas preocupações e medos em relação ao futuro, fiz questão de oferecer meu apoio incondicional. Prometi estar ao lado deles durante todo o processo de luto e ajudá-los da melhor maneira possível.

Enquanto conversávamos, Ashley, James e Matthew se aproximaram timidamente. Percebi que eles também estavam lidando com sua própria dor e arrependimento pela forma como as coisas haviam acontecido no dia da morte de Ronan.

Com o coração apertado, eu me aproximei lentamente do caixão de Ronan. Seu rosto, sereno e tranquilo, transmitia uma sensação de paz que contrastava com a intensidade da dor que sentíamos.

Seus cabelos negros estavam cuidadosamente arrumados, como sempre, e seu sorriso cativante parecia quase palpável em minhas lembranças. Vestido com um terno escuro, Ronan parecia estar em um sono profundo, como se estivesse apenas descansando antes de acordar para mais um dia cheio de vida.

Enquanto eu observava Ronan em seu descanso final, senti uma presença ao meu lado. Era Matthew. Ele se aproximou de mim com cautela, talvez buscando uma forma de se desculpar ou encontrar algum conforto mútuo.

Ele toca na minha mão, mas eu me afasto.

— Lilith, querida! Por favor. Você precisa de mim.

— Eu não preciso de você e nem de ninguém, Matthew! — eu grito, mas no fundo, uma parte de mim anseia por ser amada incondicionalmente e abraçada com um sussurro de "eu te amo".

Com a voz trêmula e os olhos marejados, minhas palavras ecoam no ar carregadas de defesa e vulnerabilidade. A figura de Matthew diante de mim parece tão distante, incapaz de alcançar a pequena Lilith que se esconde dentro de mim, ansiando por afeto e aceitação.

Ele olha para mim com tristeza e compreensão, sabendo que há uma batalha interna que travo contra meus próprios medos e inseguranças. Sua mão ainda estendida, um gesto de apoio que poderia significar o início de uma cura emocional tão necessária.

— Não precisa fazer uma cena — ele fala, e consigo ver o tom de raiva em sua voz.

— É o meu melhor amigo que está nesse caixão. Onde você estava quando eu precisava de você, porra? — As palavras saem com uma mistura de dor e raiva, carregando consigo anos de ressentimento acumulado.

Matthew olha para mim, seus olhos refletindo a tristeza e o peso da culpa.

Ele tenta encontrar as palavras certas para responder, mas a tensão no ar é palpável. O silêncio se estende por um momento, preenchido apenas pelo som distante dos soluços abafados dos presentes no velório.

Finalmente, ele suspira profundamente, parecendo derrotado. Seus ombros caem ligeiramente, como se carregassem um fardo invisível.

— Lilith, eu sei que falhei com você. Eu estava perdido, confuso... Não sabia como lidar com minha própria dor e acabei me afastando de tudo e de todos — ele diz com sinceridade em sua voz.

Meus olhos encontram os dele, buscando qualquer sinal de arrependimento genuíno. Há uma parte de mim que deseja acreditar nele, que quer abrir meu coração para a possibilidade de perdão e reconciliação.

No entanto, a ferida da ausência de Matthew durante os momentos mais difíceis ainda está fresca em minha mente. A sensação de solidão e abandono que experimentei naqueles momentos sombrios me fez construir muros ao redor do meu coração.

— O carro de Ronan capotou seis vezes, e onde você estava quando isso aconteceu? Mas isso não é apenas sobre Ronan — digo calmamente, minha voz trêmula, mas firme. — É sobre todas as vezes em que precisei de você e você não estava lá. É sobre a confiança que foi quebrada.

Matthew abaixa a cabeça, incapaz de encarar minha dor de frente. Sei que ele entende o peso das minhas palavras e reconhece a magnitude do seu próprio erro.

— Eu não posso mudar o passado, Lilith. Mas eu quero estar aqui agora, quero ser o apoio que você precisa. Se você me der uma chance, prometo fazer tudo em meu poder para ser diferente — ele murmura, sua voz carregada de sincera determinação.

Fico em silêncio por um momento, ponderando suas palavras e lutando contra a mistura de emoções dentro de mim. Há uma parte de mim que deseja acreditar nele, que quer permitir que ele se redima e preencha o vazio em meu coração.

No entanto, a jornada da cura emocional é complexa e requer tempo. A confiança que foi quebrada não pode ser reconstruída da noite para o dia.

— Matthew — digo suavemente, minha voz carregada de cautela. — É tarde demais para desculpas vazias.

Ele assente com tristeza, compreendendo a magnitude do desafio à nossa frente. Mas há uma centelha de esperança em seus olhos, uma determinação silenciosa de fazer o que for necessário para reconquistar minha confiança.

Enquanto nos afastamos um do outro, sinto uma mistura de incerteza e esperança no ar. A estrada à nossa frente é incerta e cheia de obstáculos, mas talvez, com o tempo e esforço mútuo, possamos encontrar a cura e o amor que tanto buscamos.

Eu me aproximo dos pais de Ronan com cautela, sabendo que suas almas estão pesadas de tristeza e dor. Suas lágrimas silenciosas e olhares vazios revelam a magnitude da perda que estão enfrentando.

Com respeito, abraço cada um deles, tentando transmitir um pouco de conforto através do toque. As palavras parecem insuficientes para expressar a tristeza que sinto em meu coração.

Em um sussurro suave, digo a eles que estarei ao seu lado durante esse momento difícil. Prometo estar presente no enterro de Ronan amanhã, para prestar minha última homenagem ao jovem que partiu tão cedo.

Vejo uma mistura de gratidão e tristeza em seus olhos enquanto eles assentem em reconhecimento. Neste momento doloroso, a conexão entre nós se fortalece. Somos uma família unida pela dor e pelo desejo de honrar a memória de Ronan.

Enquanto nos despedimos por enquanto, sinto uma onda de emoções contraditórias me envolver. A tristeza é avassaladora, mas há também uma centelha de esperança que brilha em algum lugar dentro de mim. Esperança de que, juntos, possamos encontrar força para superar essa perda devastadora.

Amanhã será um dia difícil, mas estou determinada a estar lá para apoiar os pais de Ronan e lembrar o seu filho com amor e carinho. Unidos, enfrentaremos essa jornada dolorosa e encontraremos algum consolo nas memórias que compartilhamos.

Que possamos encontrar conforto uns nos outros enquanto nos despedimos de Ronan e celebramos sua vida.

Enquanto dirijo de volta para casa, o som do motor do carro ecoa no ambiente vazio, refletindo a sensação de vazio que preenche meu coração. Cada quilômetro percorrido parece uma eternidade, um lembrete constante da ausência do meu melhor amigo ao meu lado.

As lembranças de todas as viagens que fizemos juntos surgem em minha mente, como flashes de momentos felizes e risadas compartilhadas. Aquele era o nosso santuário, onde conversávamos sobre nossos sonhos, desafios e conquistas. Agora, é apenas um espaço vazio, repleto de memórias que parecem distantes demais.

O silêncio do carro torna-se ensurdecedor, pois costumávamos preenchê-lo com conversas animadas e músicas que embalavam nossa amizade. Sinto falta da sua voz animada e das piadas que só nós entendíamos. Seus conselhos sábios e seu apoio incondicional eram como um bálsamo para a minha alma.

O volante parece mais pesado nas minhas mãos, pois não tenho mais o seu toque reconfortante para dividir a responsabilidade da condução. Era uma parceria perfeita, onde confiávamos um no outro para nos levar em segurança até nossos destinos. Agora, sou eu sozinha nessa jornada solitária.

Enquanto as lágrimas ameaçam turvar minha visão, tento encontrar consolo na certeza de que seu espírito estará sempre comigo. Sei que ele estará olhando por mim, guiando-me em cada curva da estrada da vida. Mas, por enquanto, a saudade é esmagadora e a falta do seu sorriso entristece meu coração.

Finalmente, chego em casa e desligo o carro. Permaneço sentada por um momento, permitindo-me sentir todas as emoções que estão transbordando dentro de mim. A dor da perda é avassaladora, mas também há gratidão por ter tido alguém tão especial ao meu lado.

Enquanto me afasto do carro e entro em casa, sei que o caminho da cura será longo e desafiador. Mas prometo honrar a memória do meu melhor amigo, encontrando forças para seguir em frente, sabendo que ele estará sempre comigo, mesmo que não fisicamente.

No silêncio do meu lar, abraço a lembrança dele com carinho e prometo nunca esquecer o impacto que ele teve em minha vida. Sua falta será sentida todos os dias, mas sua presença continuará a iluminar meu caminho enquanto eu tento encontrar um novo equilíbrio na ausência dele.

No dia seguinte, desperto com o coração pesado, sabendo que hoje é o dia do velório. Após tomar um banho, sento-me em frente ao computador e começo a escrever um texto emocionado em homenagem ao meu melhor amigo, o qual pretendo ler durante a cerimônia.

Agora, vestida de preto e com o coração cheio de saudade, parto em direção ao local do velório. O caminho é repleto de lembranças e lágrimas, mas também de gratidão pelo tempo que compartilhamos juntos. Seguro o texto com carinho, sabendo que é uma forma de expressar todo o amor e admiração que sinto por ele.

Enquanto me dirijo ao local do velório, a estrada parece silenciosa e as ruas estão repletas de uma atmosfera pesada. O sol brilha no céu, mas meu coração está envolto em uma nuvem de tristeza.

Cada quilômetro percorrido é uma mistura de lembranças felizes e lágrimas que ameaçam escapar. Sinto a presença do meu amigo ao meu lado, como se ele estivesse me guiando nessa jornada final juntos.

Enquanto observo o mundo passar pela janela do carro, reflito sobre todas as aventuras que vivemos juntos. As risadas, as conversas profundas e os momentos de apoio mútuo enchem minha mente, aquecendo meu coração em meio à dor da perda.

A estrada parece mais longa do que nunca, e cada semáforo vermelho é um lembrete cruel da realidade que estou prestes a enfrentar. A ansiedade toma conta de mim à medida que me aproximo do local, mas sei que é importante estar lá para prestar minhas últimas homenagens.

Ao chegar ao local do velório, sou recebida por rostos familiares e abraços reconfortantes. O ambiente está repleto de flores, fotos e memórias compartilhadas ao longo dos anos.

Cada imagem captura um momento precioso e uma lembrança que será eternamente guardada em nossos corações.

Com o texto em mãos, respiro fundo e me preparo para subir ao púlpito. Minhas pernas tremem ligeiramente e minha voz fica embargada pelas emoções, mas sei que tenho que ser forte. Leio cada palavra com cuidado, transmitindo todo o amor e gratidão que sinto por ele.

Enquanto compartilho minhas memórias e palavras de despedida, sinto a presença do meu amigo ao meu redor. Seus sorrisos, suas piadas e seu espírito brilhante parecem envolver o local, trazendo conforto e consolo para todos os presentes.

Ao terminar de ler o texto, o silêncio é quebrado por aplausos suaves e lágrimas compartilhadas. É um momento de união, de celebrar a vida daquele que partiu e de encontrar forças uns nos outros para seguir em frente.

Enquanto me afasto do púlpito e me uno aos demais presentes, sinto uma sensação de paz interior. Embora a dor da perda ainda esteja presente, sei que meu amigo vive em cada lembrança que compartilhamos e em cada vida que ele tocou.

O velório é um momento de despedida, mas também de celebração da pessoa maravilhosa que ele foi. Juntos, nos apoiamos e encontramos conforto na certeza de que seu legado viverá para sempre em nossos corações.

Após o encerramento do velório, sinto um misto de exaustão emocional e alívio. Agradeço a todos que compareceram e me despeço dos amigos e familiares, com abraços apertados e palavras de consolo.

Ao sair do local, o ar fresco da noite toca meu rosto, trazendo um pouco de alívio para minha alma cansada. Entro no carro e dirijo-me lentamente para casa, deixando para trás as lembranças do dia.

A solidão do trajeto me dá tempo para refletir sobre tudo o que vivi nas últimas horas. As lágrimas que foram derramadas, as histórias compartilhadas e a sensação de comunidade que se formou naquele momento difícil.

Chegando em casa, encontro um ambiente tranquilo e silencioso. Sento-me no sofá, permitindo-me respirar profundamente e absorver tudo o que aconteceu. Meus pensamentos voltam-se novamente para meu querido amigo, sentindo sua falta em cada canto da casa.

Enquanto a noite avança, encontro conforto na lembrança dos momentos felizes que compartilhamos. Olho para as fotos espalhadas pela sala, revivendo cada sorriso e abraço.

A solidão da noite é acompanhada por uma mistura de tristeza e gratidão. A tristeza pela perda irreparável, mas também a gratidão por ter tido a oportunidade de ter conhecido alguém tão especial.

Envolvida pelas memórias e emoções, finalmente me permito descansar. Deito-me na cama, sabendo que o luto será uma jornada longa e desafiadora, mas que, aos poucos, encontrarei paz e aceitação.

Enquanto fecho os olhos, imagino meu amigo sorrindo para mim, lembrando-me de que ele sempre estará presente em meu coração. Com essa certeza, deixo-me levar pelo sono, esperando que o amanhã traga um pouco mais de serenidade e conforto.

Enquanto o silêncio do ambiente preenche meus pensamentos, o som do telefone rompe a tranquilidade.

Olho para tela e vejo o nome "Logan, Mecânico" piscando.

Com curiosidade, atendo a ligação de Logan, ansiosa para saber o motivo da chamada.

— Oi!? — eu digo, assim que atendo a ligação.

— Ei! Lili. Eu peguei o carro do Ronan e eu descobri que ele foi alterado.

— O quê? — eu pergunto incrédula. Sei que Caym alterou o carro de Ronan, como fez com o carro de Ster.

— Eu não quero falar sobre isso agora — digo massageando minha têmpora e desligando o telefone.

Não quero pensar nisso agora.

Vou para o meu quarto, e me deito olhando para o teto vazio, assim como a minha alma e o meu coração.

Vazio.

É assim que me sinto. Vazia. Morta por dentro.

CAPÍTULO 11

CAPÍTULO 12

CAPÍTULO 13

CAPÍTULO 14

CAPÍTULO 15

CAPÍTULO 16

Passaram-se meses desde a perda de Ronan, e ainda me encontro presa na escuridão da tristeza e do remorso. Cada dia parece uma batalha interminável, uma luta para encontrar um motivo para continuar. Sinto que uma parte de mim morreu junto com ele, levando consigo os últimos pedaços do meu coração, agora completamente quebrado.

As lembranças de Ronan invadem minha mente constantemente, lembrando-me do sorriso brilhante que ele tinha e da energia contagiante que trazia para todos ao seu redor. Ele era meu melhor amigo, minha âncora neste mundo caótico. E agora, sem ele, sinto-me perdida e vazia.

A culpa é um fardo pesado que carrego em meus ombros. Acredito que fui responsável por permitir que Ronan se envolvesse nesse assunto perigoso do Caym. Se eu tivesse sido mais cautelosa, se eu o tivesse impedido, talvez ele ainda estivesse aqui hoje. Esses pensamentos me atormentam dia e noite, corroendo minha alma aos poucos.

Minha raiva em relação a Caym é incontrolável. Eu o odeio com todas as fibras do meu ser. Ele se aproveitou da paixão de Ronan pelas corridas e o arrastou para um mundo perigoso e mortal. Prometi a mim mesma que farei justiça a Ronan, custe o que custar.

Apesar de sentir-me morta por dentro, há uma chama ardente de determinação queimando em meu peito. Juro pela minha alma — mesmo duvidando que ainda tenha uma nessa altura do campeonato — que vou vingar Ronan. Não descansarei até que Caym pague pelo que fez.

Mas, à medida que mergulho cada vez mais nessa missão de vingança, percebo que a escuridão está me consumindo. Sinto-me afastando das pessoas que me amam, isolando-me em minha dor e na busca por justiça. É um caminho solitário e perigoso, mas não consigo encontrar outra saída.

Saindo da rotina, peguei o telefone com as mãos trêmulas, desbloqueei a tela e me deparei com uma série de notificações não lidas. Meu coração acelerou quando vi o nome de Logan em uma mensagem perdida. Com um misto de ansiedade e esperança, abri a mensagem e li cada palavra com atenção.

"Não importa o que você acha. Contatei a polícia e eles confirmaram. O carro de Ronan foi realmente sabotado."

Aquelas palavras ecoaram em minha mente, ecoando uma mistura de alívio e descrença. Minhas suspeitas haviam sido confirmadas, mas a realidade da situação era avassaladora. Ronan não havia sido vítima de um acidente trágico, mas sim de um ato intencional.

As lágrimas começaram a escorrer pelo meu rosto enquanto eu processava essa informação. A escuridão que me consumia parecia se intensificar, mas, ao mesmo tempo, uma chama ardente de determinação se acendeu em meu peito.

Eu sabia que não poderia mais enfrentar essa batalha sozinha. Olhei para as outras mensagens e chamadas perdidas no telefone, percebendo o quanto eu havia me afastado das pessoas que me amavam. Eu tinha negligenciado aqueles que estavam dispostos a me apoiar nessa jornada dolorosa.

Decidi que era hora de deixar essas pessoas voltarem para minha vida, de compartilhar meu fardo com elas e buscar apoio mútuo. Digitando uma resposta para Logan, senti um nó na garganta enquanto expressava minha gratidão por sua iniciativa e reafirmava nossa determinação em encontrar justiça para Ronan.

Ainda havia um longo caminho pela frente, cheio de incertezas e desafios desconhecidos. Mas, com a confirmação da sabotagem do carro de Ronan e o apoio de Logan e dos meus entes queridos, eu sabia que poderíamos enfrentar qualquer coisa.

Por Ronan, pela verdade e pela justiça, eu não descansaria até que Caym enfrentasse as consequências de suas ações. Unidos, nós enfrentaríamos a escuridão em busca da luz que tanto ansiávamos encontrar.

CAPÍTULO 17

Uma semana depois.

Tomei coragem e decidi enviar uma mensagem para o Logan. A verdade é que tenho passado por um momento difícil, lutando contra a minha depressão. Não está sendo fácil lidar com essa dor que parece consumir cada parte de mim. Mas, ao mesmo tempo, sinto que é hora de começar a me reconectar com as pessoas de que me afastei.

Sei que o Ronan não gostaria de me ver afastada de tudo e de todos. Ele sempre foi alguém que me incentivou a viver intensamente e a aproveitar cada momento. Sua ausência é uma ferida profunda em meu coração, mas sei que honrar sua memória significa continuar lutando pela minha própria felicidade.

É assustador pensar em me abrir novamente e permitir que alguém entre na minha vida. A vulnerabilidade é um território desconhecido para mim neste momento. No entanto, ao mesmo tempo, sinto uma necessidade profunda de compartilhar minhas emoções e encontrar apoio mútuo.

Espero que o Logan compreenda a importância desse encontro. Quero expressar a ele como tenho sentido sua falta e como valorizo nossa amizade. Talvez ele possa me ajudar nessa jornada de cura, sendo um ombro amigo e alguém em quem posso confiar.

Embora eu saiba que ainda não estou totalmente recuperada, estou disposta a enfrentar os desafios e dar pequenos passos em direção à minha própria cura. Acredito que esse encontro com o Logan possa ser um ponto de partida para reconstruir minha vida e encontrar um novo equilíbrio emocional.

A vida é uma jornada cheia de altos e baixos, e estou determinada a encontrar a luz no fim do túnel. Com o apoio daqueles que me amam, sei que posso superar essa fase difícil e encontrar a felicidade novamente.

(...)

Chego ao barzinho combinado e vejo Logan sentado a uma mesa. Estou tão nervosa que mal consigo me conter. Me aproximo dele. Sento à mesa em que ele está, e sem enrolação, eu pergunto:

— Como o carro de Ronan foi sabotado?

Logan olha para mim, percebendo minha aflição, e respira fundo antes de responder.

— Lilith, eu entendo que você esteja preocupada, mas é uma longa história. O carro de Ronan foi sabotado através de um dispositivo instalado na direção elétrica.

Fico chocada com a revelação e me inclino para a frente, ansiosa por mais informações.

Logan suspira, olhando ao redor para se certificar de que ninguém está ouvindo nossa conversa.

— Sei que você desconfia do Caym. Eu também. Mas a polícia está investigando isso, e eles já me informaram que não têm provas contra ele.

Com um olhar determinado, eu encaro Logan e expresso minha determinação em descobrir a verdade por trás da sabotagem ao carro de Ronan.

— Logan, eu entendo que a polícia não tenha provas contra o Caym, mas não podemos simplesmente confiar apenas na investigação deles. Se realmente acreditamos que ele está envolvido, precisamos encontrar nossas próprias evidências e apresentá-las às autoridades. Não podemos deixar que o verdadeiro culpado escape impune.

Logan me observa por um momento, ponderando minhas palavras, antes de assentir com a cabeça.

— Lilith, não me leve a mal, mas... — Logan hesita por um momento, parecendo escolher cuidadosamente suas palavras.

— Mas o quê? — eu pergunto, já irritada.

— Eu estou fora dessa. Eu sei que Ronan estava investigando a morte da Ster Meyer. O carro dela foi sabotado da mesma forma que o do Ronan. E por causa daquele lance com o Lorenzo... — ele olha para os lados, para se certificar de que ninguém está ouvindo a nossa conversa. — Caym queria te matar, e acabou matando o Ronan. Não quero ter o mesmo destino de Ronan.

Eu sinto uma onda de frustração e raiva se acumulando dentro de mim, ameaçando transbordar. Respiro fundo para tentar acalmar meus ânimos, mas é difícil ignorar a irritação que está se tornando cada vez mais intensa.

Me pergunto o que aconteceria se eu quebrasse o copo de bebida que Logan está tomando na cabeça dele.

A ideia de quebrar o copo de bebida na cabeça de Logan cruza minha mente, alimentando minha raiva crescente. No entanto, eu rapidamente me dou conta das consequências violentas e irrefletidas desse impulso. Respiro fundo novamente, tentando encontrar uma maneira mais construtiva de lidar com minha frustração.

— Não sei o que me fez pensar que eu poderia contar com você para isso — digo me levantando da mesa.

— Lilith! — ele diz, também se levantando.

— Olha, eu entendo que você tenha seus próprios receios e limitações, Logan. Mas eu não posso deixar de buscar a verdade e justiça. Se você decidir se juntar a mim nessa jornada, estarei aqui. Caso contrário, vou seguir em frente sozinha.

Como não obtenho uma resposta, saio do local, sentindo uma mistura de raiva e determinação. Decido que não posso depender de Logan para alcançar meus objetivos e decido seguir em frente sozinha, disposta a enfrentar qualquer desafio que surgir no meu caminho.

Depois de sair do bar, caminho em direção ao meu carro estacionado nas proximidades. A rua está silenciosa e vazia, aumentando minha sensação de alerta.

Enquanto me aproximo do veículo, algo chama minha atenção. Percebo que há um bilhete preso ao para-brisa. Com cuidado, retiro o bilhete e leio a mensagem escrita nele.

"Se quer descobrir a verdade, siga as pistas deixadas para trás. Mas esteja preparada para enfrentar as consequências."

Uma mistura de curiosidade e apreensão toma conta de mim. Quem teria deixado esse bilhete? E que pistas seriam essas? Decido seguir o conselho e embarcar nessa jornada perigosa, determinada a desvendar os segredos ocultos.

Intrigada pelo bilhete, começo a procurar por pistas deixadas ao redor do carro. Observo atentamente o chão, as paredes e qualquer objeto que possa conter alguma informação relevante.

Ao examinar a roda do carro, noto outro bilhete preso a ela. Com cuidado, retiro o bilhete e leio a mensagem escrita nele.

"Os Meyers não são quem você imagina."

Uma sensação de inquietação toma conta de mim. O que será que esse bilhete quer dizer? Será que a família Meyers está envolvida de alguma forma no incidente com Ronan?

Com as pistas e os bilhetes em mãos, decido entrar no carro e retornar para casa. É hora de organizar as informações que obtive e traçar um plano para desvendar o mistério.

No caminho de volta, minha mente está repleta de pensamentos e teorias. Cada nova descoberta me aproxima da verdade, mas também aumenta a complexidade do caso.

Assim que eu chego em casa, minha mãe está na sala, visivelmente preocupada. Ela me chama e diz:

— Filha, você viu o que aconteceu?

— Não, o que aconteceu? — eu pergunto, enquanto coloco as chaves do carro em cima do balcão.

— Olhe você mesma — ela diz, enquanto coloca uma colher cheia de sorvete na boca. Olho para a tevê e vejo o noticiário.

"Gabriela Meyer sofreu um terrível acidente nesta tarde."

Meu coração dispara ao ouvir a notícia.

Eu acredito que o Caym também esteja envolvido nesse acidente. As circunstâncias são muito suspeitas e tudo indica que ele tem alguma ligação com o ocorrido. Precisamos investigar mais a fundo para descobrir a verdade.

Primeiro a Ster, depois o Ronan e agora a Gabriela? Caym é mesmo capaz disso tudo? Será que ele estava envolvido em algum esquema obscuro?

Será que tinha motivos para querer prejudicar as pessoas envolvidas no acidente?

Essas perguntas me assombram e me impulsionam a investigar mais a fundo, buscando evidências concretas que possam confirmar ou refutar minhas suposições. Não posso descansar até descobrir a verdade e garantir que a justiça seja feita.

Decido ir até a casa de Ronan, pois sei que ele sempre anotava todas as suas descobertas. Talvez ele tenha alguma informação crucial que possa nos ajudar a desvendar esse mistério.

Me despeço de minha mãe com um abraço apertado, prometendo que voltarei em breve. Pego novamente as chaves do carro, determinada a chegar à casa de Ronan.

Enquanto dirijo pelas ruas conhecidas da cidade, uma mistura de ansiedade e tristeza toma conta de mim. A cada esquina, cada rua familiar, sinto a ausência de Ronan ainda mais intensamente. Mas sei que preciso continuar, por ele e por todos aqueles que foram afetados pelos misteriosos acidentes.

Ao chegar à casa de Ronan, deparo-me com a porta trancada. Lembro-me da chave extra que ele costumava esconder em um vaso de flores próximo à entrada. Com um misto de esperança e apreensão, vasculho cuidadosamente entre as flores até encontrar a chave. Sinto um alívio momentâneo ao segurá-la em minhas mãos, sabendo que estou um passo mais perto de desvendar os segredos que Ronan guardava em sua casa. Sem hesitar, insiro a chave na fechadura e abro a porta, pronta para descobrir o que me espera lá dentro.

Ao entrar na casa de Ronan, sou recebida por um silêncio solene que preenche o ambiente. Observo cada canto, cada estante repleta de livros e anotações meticulosamente organizadas. Sinto um misto de nostalgia e tristeza ao me lembrar das inúmeras vezes em que estávamos juntos ali, discutindo teorias e planejando nossas investigações.

Caminho lentamente pelo escritório de Ronan, folheando os cadernos onde ele registrava meticulosamente suas descobertas. Cada página é uma janela para sua mente inquisitiva e dedicada. Encontro anotações sobre casos antigos, conexões entre pessoas aparentemente desconectadas e até mesmo teorias sobre o envolvimento de Caym nos acidentes.

Minha determinação se fortalece à medida que mergulho nesse oceano de informações deixadas por Ronan. Sua ausência é dolorosa, mas sinto como se ele estivesse presente, guiando-me através de suas palavras escritas.

Decido começar minha busca nos arquivos de Ronan, que estão cuidadosamente organizados em sua sala de estudos. Enquanto examino os documentos, percebo que ele compilou uma extensa pesquisa sobre os acidentes misteriosos que assolaram a cidade.

Encontro relatórios de testemunhas, recortes de jornais e até mesmo fotografias que Ronan tirou nas cenas dos acidentes. Cada peça do quebra-cabeça começa a se encaixar lentamente, revelando conexões surpreendentes entre os eventos.

Em meio às pilhas de papéis, encontro uma pasta marcada com a palavra "Caym". Intrigada, abro-a e descubro evidências perturbadoras que sugerem um possível envolvimento das organizações que Caym faz parte nos acidentes. Há registros de transações financeiras suspeitas, nomes de pessoas influentes e até mesmo mapas indicando locais estratégicos onde os acidentes ocorreram.

Sinto meu coração acelerar à medida que percebo a magnitude do mistério em que me envolvi. Ronan estava perto da verdade, e agora cabe a mim dar continuidade ao seu trabalho e expor os segredos ocultos por trás dos acidentes.

Enquanto mergulho mais fundo na investigação, descubro detalhes intrigantes sobre a briga entre Caym e Matthew Meyer. Parece que os dois estavam envolvidos no tráfico de drogas, mas suas motivações e objetivos divergiam.

Ronan havia descoberto que Matthew Meyer estava se tornando uma ameaça para a Caym. Ele estava planejando expor os segredos da organização e revelar sua conexão com o tráfico de drogas. Isso colocava em risco não apenas os negócios da Caym, mas também a reputação e influência de seus membros.

À medida que a tensão aumentava entre eles, Ronan acreditava que Caym planejava eliminar Matthew Meyer para evitar que ele revelasse a verdade. No entanto, Ronan suspeitava que a verdadeira intenção de Caym era eliminar Matthew como uma forma de consolidar seu poder e controle sobre o tráfico de drogas na região.

A pasta encontrada continha evidências dessas tensões crescentes, incluindo registros de conversas interceptadas e informações sobre os movimentos de Matthew Meyer. Ronan estava determinado a desvendar essa conspiração e proteger aqueles que estavam em perigo.

Com essa nova descoberta, meu senso de urgência aumenta. Agora, mais do que nunca, é crucial continuar o trabalho de Ronan, expor as verdadeiras intenções da Caym e garantir justiça para aqueles envolvidos nos acidentes misteriosos.

Enquanto aprofundo minha investigação, descubro mais detalhes sobre a possível briga entre Caym e Matthew Meyer. Ronan tinha evidências de que Caym estava tentando eliminar Matthew não apenas por causa das drogas, mas também por um motivo pessoal.

Ronan encontrou registros de uma antiga parceria entre Caym e Matthew no tráfico de drogas. No entanto, ao longo do tempo, surgiram desentendimentos e divergências de opinião sobre o controle do mercado e os lucros obtidos.

A situação se tornou ainda mais complicada quando Matthew começou a se envolver com uma gangue rival, ameaçando os negócios da Caym. A rivalidade se intensificou, levando a confrontos violentos e disputas territoriais.

Ronan descobriu que Caym estava planejando um ataque direto contra Matthew Meyer, visando não apenas eliminar seu rival, mas também enviar uma mensagem clara para outras gangues rivais. Ster foi vítima desse plano sinistro, pois Caym pretendia usá-la como isca para atrair Matthew para uma armadilha mortal.

A pasta revelava mapas detalhados indicando locais estratégicos onde os acidentes ocorreram. Esses locais coincidiam com as áreas onde Matthew costumava operar suas atividades ilegais. Era evidente que Caym estava tentando encobrir sua verdadeira intenção de eliminar Matthew ao fazer parecer que os acidentes eram apenas coincidências infelizes.

Compreender a extensão dessa conspiração me enche de determinação para expor a verdade e buscar justiça. Agora, meu objetivo é reunir todas as evidências necessárias para provar o envolvimento da Caym nos acidentes e garantir que aqueles responsáveis sejam responsabilizados pelos seus atos malignos.

À medida que mergulho mais fundo na investigação, descubro conexões surpreendentes entre Caym, Matthew Meyer e outros membros influentes da criminalidade local.

Ronan havia encontrado registros de transações financeiras suspeitas entre Caym e Matthew, indicando uma parceria secreta e lucrativa no tráfico de drogas. Além disso, havia evidências de que Caym estava recebendo proteção e apoio de figuras poderosas dentro da polícia e do sistema judiciário.

Essas descobertas levantaram a suspeita de que Caym estava operando com impunidade, usando sua influência para encobrir seus crimes e eliminar qualquer ameaça à sua organização. Ronan estava determinado a expor essas conexões corruptas e desmantelar a teia de corrupção que envolvia Caym.

A pasta encontrada continha nomes de pessoas-chave dentro da polícia e do sistema judiciário que estavam envolvidas nessa conspiração. Ronan sabia que, para levar todos à justiça, ele precisava agir com cautela e encontrar evidências irrefutáveis contra eles.

Com cada nova descoberta, minha determinação aumenta. Agora é uma corrida contra o tempo para reunir provas suficientes, proteger aqueles em perigo e garantir que a verdade prevaleça sobre a corrupção. Ronan não estava sozinho nessa luta, e eu farei tudo o que estiver ao meu alcance para ajudar a expor a verdade e trazer justiça para todos os envolvidos.

Enquanto examino a pasta, meus olhos se fixam em um nome familiar e perturbador:

"Elijah: Santa Muerte".

Um arrepio percorre minha espinha ao ler esse nome, pois sei o quão perigosa e temida é essa gangue.

Minhas lembranças do México voltam à tona, onde testemunhei em primeira mão a violência e o terror que a gangue Santa Muerte era capaz de causar. Eles estavam envolvidos no tráfico de drogas e em rachas de carros ilegais, espalhando caos e morte por onde passavam.

No México, havia uma crença generalizada de que a Santa Muerte estava ligada a todos os assassinatos e tragédias que ocorriam no país. Essa associação diabólica foi reforçada pelo decreto papal, que rotulou a devoção à Santa Muerte como algo maligno.

O fato do líder da Santa Muerte estar relacionado à pasta indica uma conexão perigosa entre essa gangue e a conspiração em que estou envolvida. Agora, mais do que nunca, é crucial desvendar a verdade por trás dessa ligação e garantir que a justiça seja feita contra aqueles que causam caos e morte em nome da Santa Muerte.

Agora, é crucial entender qual é o papel de Elijah Santa Muerte nessa conspiração e como eles estão relacionados aos eventos recentes. É evidente que essa gangue tem uma influência significativa e perigosa, e precisamos agir com extrema cautela para desmantelar essa rede criminosa.

Ronan estava determinado a expor a verdade por trás da conexão entre Elijah Santa Muerte, Caym e Matthew Meyer. Não descansaremos até que todos os envolvidos sejam responsabilizados pelos seus crimes, trazendo justiça às vítimas inocentes e colocando um fim nessa era de terror.

Decido pegar todos os papéis da pasta e retornar para casa, onde poderei examiná-los com mais calma e traçar um plano de ação para desvendar essa conspiração perigosa. É hora de me preparar para enfrentar os desafios que estão por vir.

(...)

Paro meu carro em frente ao Éden, e quase automaticamente meu coração aperta e penso em Matthew.

As lembranças de nossos momentos juntos vêm à tona, e a saudade se mistura com uma sensação de urgência.

Decido entrar no bosque e me sentar no mesmo lugar onde costumávamos compartilhar nossos pensamentos e sonhos. Enquanto observo ao redor, percebo uma bituca de cigarro no chão, ainda fresca. Meu instinto diz que Matthew esteve aqui recentemente.

A presença dessa evidência me enche de esperança e determinação. Matthew pode estar por perto, talvez observando ou aguardando o momento certo para se revelar. Prometo a mim mesma que não descansarei até encontrá-lo e descobrir a verdade por trás de sua conexão com Caym e Elijah.

Com o coração cheio de emoções conflitantes, sigo em frente, decidida a desvendar os segredos ocultos nessa trama sombria e trazer justiça para aqueles que foram afetados por ela. Matthew ainda está aqui, e eu farei o que for preciso para encontrá-lo e protegê-lo dos perigos que o cercam.

Com o coração batendo descompassadamente, meus olhos encontraram os dele. Havia algo naquele olhar, uma mistura de melancolia e reconhecimento mútuo. Seria realmente Matthew, aquele que eu tinha imaginado tantas vezes em meus devaneios?

Sem pensar duas vezes, levantei-me do banco e dei alguns passos em sua direção, a curiosidade e a esperança impulsionando cada passo. Enquanto nos aproximávamos, o suspense pairava no ar, criando uma atmosfera carregada de emoção.

Finalmente, estávamos face a face. Meu coração parecia querer saltar do peito enquanto nossos olhares se encontravam. Um sorriso tímido surgiu em seu rosto, confirmando minhas suspeitas. Era ele, era Matthew.

As palavras pareciam fugir de minha boca, mas o brilho em seus olhos transmitia um entendimento mútuo. Não era necessário dizer nada naquele momento. O silêncio se tornou nosso cúmplice enquanto nos abraçamos, selando o reencontro tão esperado.

Naquele abraço, todas as memórias, os sonhos e as emoções guardadas por tanto tempo se fundiram em um só momento de felicidade e alívio. O tempo parecia ter parado ao nosso redor, e ali, naquele instante, sabíamos que estávamos exatamente onde deveríamos estar.

As palavras finalmente encontraram seu caminho entre nós.

— Eu sinto muito pelo que houve com a sua mãe.

— Obrigado — ele disse tão baixo que preciso parar um pouco para ter a certeza de que ele falou algo. — Acredito que ela ficará bem — ele continua.

— Com certeza, Matthew. Saiba que pode contar comigo — eu disse olhando em seus olhos.

Matthew sorriu gentilmente e me abraçou mais uma vez, transmitindo um calor reconfortante.

— Estamos juntos nessa jornada, lado a lado. Vamos apoiar um ao outro e encontrar a alegria que merecemos — ele disse com determinação.

— Claro... — eu digo hesitante. "Os Meyers não são quem você imagina." — Eu tenho que ir para casa agora. Até mais, Matthew — me despeço e saio do Éden indo em direção ao meu carro, para estacioná-lo na garagem.

Assim que estaciono meu carro na garagem, eu entro em casa. Fecho a porta atrás de mim e respiro fundo. Meu coração ainda está acelerado pelo encontro com Matthew, mas algo dentro de mim me diz para ter cuidado. Os Meyers não são quem eu imaginava, e essa revelação mexeu com minha curiosidade e meu instinto de autodefesa.

Caminho lentamente em direção ao meu quarto, observando os detalhes familiares da casa que costumava chamar de lar. Os móveis antigos, as fotografias nas paredes, tudo parece tão familiar e ao mesmo tempo tão desconhecido. Sinto um frio na espinha, como se houvesse algo oculto nas entrelinhas da minha própria história.

Sentada na beirada da cama, reflito sobre o encontro com Matthew. Seus olhos transmitiam sinceridade, mas havia uma sombra de mistério por trás deles.

Enquanto reflito sobre o encontro com Matthew, minha mente é inundada por uma enxurrada de perguntas. Será que a amizade com Caym era apenas a ponta do iceberg? Será que Matthew estava envolvido em algo mais obscuro relacionado aos Meyers?

A sombra de mistério em seus olhos me deixa inquieta. Será que ele está escondendo informações importantes sobre a família? Será que posso confiar nele para desvendar os segredos dos Meyers?

Sinto um nó se formando no meu estômago. Talvez seja hora de confrontar Matthew e descobrir a verdade. Mas antes preciso reunir mais informações e estar preparada para qualquer revelação surpreendente que possa vir à tona.

Decido continuar minha investigação por conta própria. Pesquiso sobre o passado de Matthew, suas conexões com os Meyers e qualquer pista que possa me levar às respostas que tanto busco.

Enquanto mergulho nas pesquisas, um pensamento assustador me ocorre: e se eu estiver mexendo em um vespeiro perigoso? E se descobrir algo que coloque minha vida em risco?

Respiro fundo e afasto esses medos. Se quero desvendar os segredos dos Meyers, não posso deixar o medo me paralisar. Preciso ser corajosa e determinada para enfrentar qualquer obstáculo que surgir no meu caminho.

Ao ler as informações que peguei na casa de Ronan, decidi dar uma olhada na lua e, ao olhar pela janela, vi um bilhete.

Mais um?

Me aproximo da janela, e vejo o envelope... Matthew?

"Ruiva, sei que você deve me odiar, ou sei lá... Mas eu gostaria de deixar claro o quanto eu te amo. Eu te amo desde o dia que coloquei meus olhos em você. Sei que você vai ficar um pouco confusa, então, aqui estão alguns dos motivos pelos quais eu te amo:

1- Eu amo seus cabelos ruivos.

2- Eu amo suas sardas.

3- Eu amo seus olhos verdes.

4- Eu amo seus lábios.

5- Eu amo a sua força.

6- Eu amo sua coragem.

7- Eu amo o seu sorriso cativante.

8- Eu amo como você fica genuinamente feliz quando está dirigindo.

9- Eu amo o seu amor pela adrenalina.

10- Eu amo a sua risada contagiante.

11- Eu amo a maneira que você me olha.

12- Eu amo a maneira que você me faz me sentir especial.

13- Eu amo o seu abraço acolhedor.

14- Eu amo a maneira como você me entende sem palavras.

15- Eu amo o seu senso de humor único.

16- Eu amo a forma que você me desafia a ser uma versão melhor de mim.

17- Eu amo o seu cheiro reconfortante.

18- Eu amo o modo de como você cuida dos outros.

19- Eu amo a sua determinação em alcançar seus sonhos.

20- Eu amo a sua gentileza com os animais.

21- Eu amo a ironia do seu nome.

22- Eu amo a forma como você fica linda sem precisar de maquiagem.

23- Eu amo a sua voz suave e reconfortante.

24- Eu amo a maneira como você valoriza as pequenas coisas da vida.

25- Eu amo a sua paciência infinita.

26- Eu amo a forma como você enxerga o melhor nas pessoas.

27- Eu amo o seu gosto eclético pela música.

28- Eu amo o jeito como você me encoraja a enfrentar meus medos.

29- Eu amo a sua habilidade em resolver problemas com calma e sabedoria.

30- Eu amo o seu estilo único de se vestir.

31- Eu amo o modo como você se preocupa com o meio ambiente.

32- Eu amo a sua criatividade em decorar espaços.

33- Eu amo a forma como você valoriza a família e os amigos.

34- Eu amo a sua paixão por viagens e descobertas.

35- Eu amo o seu jeito espontâneo de ser.

36- Eu amo o seu olhar intenso e cheio de ternura.

37- Eu amo o modo como você me incentiva a explorar novas experiências.

38- Eu amo a sua habilidade em resolver quebra-cabeças desafiadores.

39- Eu amo a forma como você é corajosa diante das adversidades.

40- Eu amo o seu interesse pela história e cultura de diferentes países.

41- Eu amo o seu jeito como você me faz rir até doer a barriga.

42- Eu amo a sua habilidade em tocar instrumentos musicais.

43- Eu amo a maneira como ela valoriza a saúde e o bem-estar.

44- Eu amo o modo como você escreve poesias cheias de emoção.

45- Eu amo a sua paixão por ajudar os outros em necessidade.

46- Eu amo a forma como você é autêntica e verdadeira consigo mesma.

47- Eu amo o seu talento para fotografar momentos especiais da vida.

48- Eu amo o jeito como você me ensina a apreciar as pequenas vitórias diárias.

49- Eu amo a sua curiosidade inesgotável sobre o mundo ao seu redor.

50- Eu amo a maneira como você me faz sentir-me completo.

51- Eu amo o seu jeito carinhoso de expressar seu amor.

52- Eu amo a sua paixão pela arte.

53- Eu amo como você romantiza sua vida.

54- Eu amo que mesmo triste, você não fala para ninguém, e continua linda.

55- Eu amo suas cicatrizes.

56- Eu amo a sua dedicação em ajudar os menos afortunados.

57- Eu amo a forma como você ilumina qualquer ambiente em que está.

58- Eu amo a sua capacidade de ouvir atentamente e oferecer conselhos sinceros.

59- Eu amo a maneira como você cuida de si mesma, física e mentalmente.

60- Eu amo a sua paixão por explorar novos sabores na culinária.

61- Eu amo a sua paixão por carros.

62- Eu amo como você me enlouquece.

63- Eu amo como você vai ser uma ótima mãe, um dia.

64- Eu amo a sua paixão pela velocidade.

65- Eu amo a sua paixão por Harry Potter.

66- Eu amo que você acredita na bondade humana.

67- Eu amo como você nunca desistiu de mim, mesmo eu sendo uma pessoa complicada.

68- Eu amo a sua paixão por explorar novos sabores na culinária.

69- Eu amo o seu sorriso radiante que ilumina meu dia.

70- Eu amo a forma como você valoriza a importância do tempo em família.

71- Eu amo o seu carisma natural que atrai as pessoas ao seu redor.

72- Eu amo a sua capacidade de perdoar e seguir em frente.

73- Eu amo o seu entusiasmo contagiante por novos projetos.

74- Eu amo como você sabe ouvir os outros.

75- Eu amo sua compaixão pelos animais abandonados e maltratados.

76- Eu amo que você é a minha maior fonte de inspiração.

77- Eu amo que você me entende mesmo quando eu não consigo expressar o que estou sentindo.

78- Eu amo que você me amava incondicionalmente, com todos os meus defeitos e imperfeições.

79- Eu amo que você é incrivelmente talentosa em tudo o que faz.

80- Eu amo que você é uma pessoa honesta e sincera, sempre dizendo a verdade mesmo que seja difícil.

81- Eu amo que você tem um coração generoso e está sempre disposta a ajudar os outros.

82- Eu amo que você é uma ótima ouvinte e sempre está presente quando eu preciso desabafar.

83- Eu amo que você é corajosa e enfrenta os desafios da vida com determinação.

84- Eu amo que você tem um jeito único de ver o mundo, o que me faz enxergar as coisas de uma forma diferente.

85- Eu amo que você é uma companheira leal e está ao meu lado nos momentos bons e ruins.

86- Eu amo que você tem uma energia contagiante que torna qualquer ambiente mais animado.

87- Eu amo que você é inteligente e sempre tem algo interessante para conversar.

88- Eu amo que você é uma pessoa criativa e está sempre pensando em novas ideias e projetos.

89- Eu amo que você é uma excelente cozinheira e sempre prepara refeições deliciosas (Ronan me contou isso).

90- Eu amo que você é uma pessoa confiável e posso sempre contar com você.

91- Eu amo que você me faz sentir seguro e protegido.

92- Eu amo que você é uma pessoa paciente e me ensina a ser melhor a cada dia.

93- Eu amo que você é uma pessoa autêntica e genuína, nunca tenta ser algo que não é.

94- Eu amo que você me faz acreditar em mim mesmo e nas minhas capacidades.

95- Eu amo que você é simplesmente única e não consigo imaginar a minha vida sem você.

96- Eu amo que a sua risada é como música para os meus ouvidos, sempre alegrando meu dia.

97- Eu amo que seu abraço é o melhor lugar do mundo, onde encontro conforto e segurança.

98- Eu amo que sua presença é como um raio de sol em uma tarde chuvosa, aquecendo meu coração instantaneamente.

99- Eu o seu jeito único de ver o mundo me inspira a enxergar as coisas de forma diferente e mais criativa.

100- Eu amo que você é a peça que faltava no quebra-cabeça da minha vida, tornando-a completa e cheia de cores vibrantes.

Desde então, cada momento ao seu lado tem sido mágico. Seu sorriso ilumina minha vida e seu jeito único de ser cativa meu coração a cada instante. Cada detalhe seu é uma obra de arte que me encanta e me faz perceber como sou sortudo por ter você ao meu lado.

Eu amo a forma como você enxerga o mundo, sempre com otimismo e uma visão única das coisas. Sua inteligência e perspicácia são admiráveis, e nossa conexão intelectual é algo que valorizo profundamente.

Além disso, amo a maneira como você cuida das pessoas ao seu redor, sempre pronta para oferecer apoio e carinho. Sua generosidade e empatia são qualidades que me inspiram a ser uma pessoa melhor.

E não posso deixar de mencionar a paixão que sinto quando estamos juntos. Cada toque, cada beijo é uma explosão de sentimentos que aquece minha alma e faz meu coração bater mais rápido.

Ruiva, eu te amo incondicionalmente. Não importa as dificuldades que possamos enfrentar, estou disposto a enfrentar tudo ao seu lado. Você é o meu porto seguro, minha âncora neste mundo caótico.

Escrever esses 100 motivos só reforçou o que já sabia: você é a pessoa que eu quero ter ao meu lado para o resto da minha vida. Meu amor por você é infinito e eterno.

Com todo o meu amor,

Matthew."

Ao abrir a carta e perceber que era do Matthew, meu coração deu um salto de alívio. Era um alívio genuíno, pois temia que fosse mais uma ameaça, mais uma manifestação doentia de Caym. No entanto, mesmo com esse alívio, uma onda de tristeza invadiu meu ser.

Olhando para trás, percebi que a raiz dessa tristeza estava na ausência do Matthew quando mais precisei dele. Foi um momento sombrio em minha vida, quando perdi o Ronan.

Enquanto eu enfrentava a dor avassaladora da perda, o Matthew não estava ao meu lado para me consolar, para me apoiar. Senti-me abandonada e desamparada.

Essa experiência dolorosa acabou revelando uma verdade que eu relutava em admitir: os sentimentos que um dia nutri pelo Matthew haviam se transformado. O amor que existiu entre nós já não existia mais. A ausência dele em um momento tão crucial foi como uma ferida aberta, uma prova de que nossos caminhos haviam se distanciado irremediavelmente.

Enquanto lia a carta do Matthew, percebi que as palavras já não me tocavam da mesma forma. O carinho e a ternura que antes me faziam suspirar agora pareciam vazios e distantes. Era doloroso admitir isso para mim mesma, mas era a verdade.

Então, entre o alívio e a tristeza, decidi encarar de frente a realidade dos meus sentimentos. Era hora de seguir em frente, de buscar a minha própria felicidade, mesmo que isso significasse deixar para trás uma parte importante do meu passado. A carta do Matthew marcou o fim de uma era, o fim de um amor que já não existia mais.

Resolvo ligar para ele, mas cai na caixa postal, agradeço internamente por isso.

— Matthew, estou ligando para ter uma conversa importante contigo. Gostaria de pedir, de coração, que você pare de me atormentar. É hora de seguir em frente e deixar o passado para trás. Sinto muito pelo acidente da sua mãe e espero verdadeiramente que ela se recupere completamente. Vamos focar em coisas positivas e construtivas em nossas vidas. Obrigada por entender.

Após deixar minha mensagem, desliguei o telefone e me deitei na cama, olhando para o teto.

Em meio às lágrimas, um sentimento de autoaversão tomou conta de mim. Odeio-me por ter me perdido.

Eu me perdi em mim mesma, estou tão tão cansada...

Sinto uma profunda saudade do meu pai e do Ronan, das memórias compartilhadas e do amor genuíno que tínhamos.

Decidi que era hora de tomar uma atitude e resgatar a minha verdadeira essência. Com a determinação renovada, comprei as passagens apenas de ida para o México, onde todas as melhores lembranças com meu pai e Ronan foram vividas. Era lá que eu me sentia em casa, onde encontraria a força para reconstruir minha vida.

Enquanto finalizava a compra das passagens, uma mensagem de Hyun chegou:

Hyun

Hoje vai ter um racha, não quer pelo menos assistir, gatinha?

Obrigada pelo convite, Hyun, mas neste momento preciso me concentrar em encontrar meu caminho. Agradeço pela compreensão.

Com o coração apertado e cheio de nostalgia, fechei os olhos e respirei fundo. Era hora de enfrentar meus medos, abraçar a jornada da autodescoberta e buscar a felicidade que tanto ansiava.

CAPÍTULO 18

Desde o momento em que acordei naquela manhã, senti uma energia diferente no ar. Era como se o universo estivesse me chamando para uma transformação profunda. Enquanto tomava meu café da manhã, refleti sobre a frase de Ronan e a decisão que eu teria que tomar.

Enquanto me arrumava para ir ao estúdio de tatuagem, olhei-me no espelho e sorri. Sempre amei meu nome, Lilith. Era um nome forte, cheio de significado e mistério. Representava minha individualidade e minha determinação em seguir meu próprio caminho.

Ao chegar ao estúdio, conversei com o tatuador sobre a ideia de tatuar a frase de Ronan nas minhas costas.

"Lilith ou Eva? A decisão é inteiramente sua."

Ele admirou a escolha e começou a desenhar cuidadosamente as palavras em minha pele. Cada traço era como uma promessa para mim mesma: eu seria a autora da minha própria história.

Enquanto a tinta penetrava na minha pele, senti uma mistura de dor e empoderamento. Cada agulhada era um lembrete de que eu tinha o poder de escolher quem eu queria ser. E eu escolhi abraçar tanto a força de Lilith quanto a vulnerabilidade de Eva dentro de mim.

Decidi também fazer outra tatuagem, uma frase modificada de Shakespeare, em minhas costelas. "O inferno está vazio, os demônios estão aqui. Eu sou um deles." Essa citação ressoou profundamente em mim, pois reconhecia que todos temos nossos demônios internos e que era hora de enfrentá-los.

Com as tatuagens finalizadas, senti uma onda de gratidão e amor-próprio. Cada vez que olhava para elas, lembrava-me do poder que eu tinha de escolher meu próprio destino e abraçar todas as partes de mim mesma, inclusive as sombras.

Lilith era mais do que um nome para mim. Era uma parte essencial da minha identidade, um lembrete constante de que eu era forte, corajosa e capaz de enfrentar qualquer desafio que surgisse em meu caminho. Eu estava pronta para abraçar meu verdadeiro eu e escrever minha própria história com a cabeça erguida.

(...)

Com as tatuagens recém-feitas, eu não conseguia conter a empolgação e corri para mostrar para minha mãe. Sabia que ela ficaria curiosa e talvez até surpresa com as escolhas das frases.

Encontrei minha mãe na sala, lendo um livro e aproveitei o momento para compartilhar minha nova arte corporal. Com um sorriso nervoso, levantei minha camisa e mostrei a tatuagem nas costas, onde estava escrito "Lilith ou Eva? A decisão é inteiramente sua".

Minha mãe olhou para a tatuagem com uma expressão intrigada e franziu o cenho.

— Filha, o que isso significa? Lilith ou Eva? Parece um questionamento profundo.

— Sim, mãe! Essa frase representa a dualidade dentro de nós mesmos. Lilith e Eva são figuras simbólicas que representam diferentes aspectos da feminilidade. Quero lembrar-me de que tenho o poder de escolher quem eu quero ser, sem restrições ou julgamentos externos. E o Ronan me disse isso...

Minha mãe levou alguns segundos para absorver a informação e depois sorriu, demonstrando compreensão.

— Entendo agora. É uma mensagem poderosa, filha. Lembre-se sempre de que você tem o direito de ser autêntica e abraçar todas as suas facetas.

Encorajada pela reação positiva da minha mãe, decidi mostrar a próxima tatuagem — a frase: "O inferno está vazio, os demônios estão aqui. Eu sou um deles" na costela.

Eu respirei fundo antes de revelar essa tatuagem, sabendo que seu significado poderia ser um pouco mais sombrio para minha mãe. Levantei minha camisa novamente, revelando as palavras delicadamente tatuadas em minha pele.

Minha mãe olhou para a frase, seus olhos se arregalaram um pouco e ela pareceu surpresa.

— Essa é uma citação forte, filha. O que te levou a escolher essas palavras?

— Essa frase representa a aceitação de nossas imperfeições e sombras interiores. Reconheço que todos nós temos um lado obscuro, mas isso não nos define por completo. Quero lembrar-me de abraçar minha humanidade completa, com todas as suas contradições.

Minha mãe permaneceu em silêncio por um momento, processando minhas palavras. Então, ela sorriu gentilmente e colocou a mão em meu ombro.

— Querida, você sempre foi uma pessoa profunda e reflexiva. Essas tatuagens são uma expressão artística do seu eu interior. Enquanto você encontrar força e significado nelas, eu te apoio.

Eu senti um alívio imenso ao ouvir essas palavras da minha mãe. Saber que ela me apoiava mesmo diante de escolhas tão pessoais me encheu de gratidão.

— Obrigada, mãe! Seu apoio significa muito para mim. Essas tatuagens são uma forma de autodescoberta e autoexpressão para mim.

Nós nos abraçamos carinhosamente, sabendo que nossa conexão era mais profunda do que qualquer tatuagem poderia representar. Minha mãe me incentivou a sempre seguir meu coração e ser verdadeira comigo mesma.

Com minhas tatuagens como lembretes constantes do poder de escolha e da aceitação de todas as partes de mim, senti-me fortalecida para encarar o mundo com autenticidade e confiança.

Após compartilhar minhas tatuagens com minha mãe, senti que era o momento certo para compartilhar outra notícia importante com ela. Respirei fundo e disse:

— Além das tatuagens, mãe, há algo mais que eu gostaria de te contar. Decidi que vou voltar para o México.

Minha mãe olhou para mim, surpresa e preocupada ao mesmo tempo.

— Voltar para o México? Mas, querida, você está bem aqui, tem sua vida aqui. O que te levou a tomar essa decisão?

— Mãe, o México é minha terra natal e sinto uma forte conexão com minhas raízes. Quero explorar mais sobre minha cultura, me reconectar com minha família e buscar novas oportunidades lá. Minhas melhores memórias com o papai e com o Ronan estão lá.

Minha mãe ficou em silêncio por alguns instantes, processando a informação. Então, ela segurou minhas mãos e olhou nos meus olhos.

— Filha, eu entendo que você sinta essa necessidade de voltar para suas origens. Sei que é uma decisão importante para você e estarei aqui para te apoiar, não importa o que aconteça.

Eu senti um misto de alívio e gratidão ao ouvir as palavras de apoio da minha mãe. Sabia que não seria fácil deixar tudo para trás e recomeçar em outro país, mas ter o apoio dela significava muito para mim.

— Obrigada, mãe. Sua compreensão e apoio significam o mundo para mim. Prometo que manteremos contato constante e farei de tudo para tornar essa transição suave.

Nós nos abraçamos novamente, sabendo que a distância física não diminuiria o amor e a conexão entre nós. Com o apoio da minha mãe, senti-me mais confiante para embarcar nessa nova jornada em busca das minhas raízes e do meu crescimento pessoal.

Eu fui para o meu quarto para arrumar minhas malas.

Enquanto arrumava minhas roupas, ouvi a campainha tocar, mas decidi ignorar, pois logo em seguida ouvi o barulho da porta sendo aberta.

Minha mãe bateu na porta do meu quarto e entrou com um semblante preocupado. Ela me disse que a polícia estava aqui e procurando por mim. Meu coração disparou e uma sensação de apreensão tomou conta de mim.

A polícia entrou no quarto com uma postura mais delicada, tentando transmitir calma em meio à tensão.

— Desculpe pelo susto, mas precisamos conversar. Há um caso ocorrido ontem à noite envolvendo a morte de Caym Pecoraro, irmão de Lorenzo Pecoraro. Por algumas circunstâncias, você se tornou uma suspeita nesse caso.

Meu mundo parecia desabar ao ouvir aquelas palavras. Eu tentei manter a calma e explicar a minha versão dos fatos.

— Espere... Caym está morto? — eu digo me sentando na cama e colocando a mão na cabeça. — E eu sou uma suspeita?!

— Sim — o policial disse me olhando seriamente.

— O quê? Isso é um engano! Eu estava em casa durante todo esse tempo! Na verdade, eu estava aqui comprando as passagens para o México. Posso mostrar o comprovante.

Com mãos trêmulas, mostrei o comprovante de compra das passagens para a polícia, esperando que aquilo pudesse provar minha inocência.

— Além disso, tenho as gravações da câmera de segurança da garagem que mostram claramente que não saí de casa com meu carro naquela hora.

A polícia examinou cuidadosamente as evidências que eu apresentei, analisando cada detalhe. Enquanto esperava por sua resposta, o silêncio pairava no ar, aumentando ainda mais a tensão no ambiente.

Após um longo momento de análise, o policial se aproximou com uma expressão mais serena.

— Entendemos sua posição e levaremos em consideração as evidências que você apresentou. No entanto, ainda precisamos investigar minuciosamente todos os aspectos desse caso. É importante que colabore conosco durante o processo.

Eu assenti, sentindo um misto de alívio e preocupação. Sabia que minha inocência precisaria ser provada além de qualquer dúvida para que pudesse ser completamente livre dessa acusação.

— Além das evidências que você nos mostrou, vamos precisar interrogá-la sobre seus possíveis vínculos com as vítimas e investigar seu álibi detalhadamente. Compreenda que isso é parte do procedimento padrão em uma investigação criminal.

Eu concordei, compreendendo a necessidade dessas medidas. Embora estivesse nervosa com a perspectiva de um interrogatório, entendia que era fundamental cooperar para provar minha inocência.

No dia seguinte, fui conduzida à delegacia para ser interrogada. Sentada em uma sala austera, aguardei ansiosamente a chegada dos investigadores responsáveis pelo caso.

O detetive encarregado começou o interrogatório de forma delicada, tentando estabelecer um ambiente mais ameno para facilitar minha colaboração.

— Entendo que essa situação seja difícil para você, mas precisamos esclarecer alguns pontos. Pode nos contar mais sobre seu relacionamento com Caym e Lorenzo Pecoraro? — o detetive me perguntou.

Respirei fundo e relatei que o Lorenzo era meu padrasto abusivo e que Caym era o irmão dele. Expliquei toda a situação da morte de Lorenzo para o detetive. Mas acabei ficando nervosa, me lembrando do olhar de Lorenzo enquanto morria. Pisquei para afastar as lágrimas.

— E sobre a noite do crime, você pode detalhar suas atividades durante aquele período? — ele me perguntou quebrando o silêncio.

Expliquei em detalhes como passei a noite em casa, organizando minhas malas para a viagem ao México. Ressaltei novamente que tinha provas sólidas, como o comprovante de compra das passagens e as gravações da câmera de segurança da garagem.

O detetive fez anotações enquanto eu falava, parecendo considerar cada palavra cuidadosamente. A tensão no ar era palpável, mas eu mantive minha postura calma e cooperativa.

— Vamos verificar todas as informações fornecidas e realizar verificações adicionais. Se tudo estiver de acordo com o que você disse e as evidências corroborarem sua versão, poderemos descartar sua suspeita.

(...)

Agradeci ao detetive pela compreensão e pela oportunidade de esclarecer os fatos. Sabia que teria que aguardar pacientemente enquanto a investigação prosseguia, na esperança de que a verdade prevalecesse e minha inocência fosse comprovada.

Enquanto aguardava ansiosamente pelo desenrolar da investigação, surgiu uma nova pista que chamou a atenção dos detetives. Havia rumores de que a Santa Muerte, uma gangue conhecida por se envolver em corridas ilegais e outras atividades ilícitas fora das pistas, poderia estar relacionada ao caso.

Os investigadores começaram a vasculhar minuciosamente os registros da gangue, procurando qualquer indício de envolvimento nos acontecimentos daquela fatídica noite.

Eles descobriram que Caym Pecoraro tinha conexões com membros da Santa Muerte, o que levantou suspeitas sobre o possível motivo por trás do crime.

Enquanto isso, eu continuava colaborando com a polícia, fornecendo todas as informações relevantes que podiam ajudar a esclarecer minha inocência. Eu estava esperançosa de que essas novas descobertas poderiam desviar a atenção de mim e direcioná-la para os verdadeiros responsáveis.

Após uma investigação aprofundada, os detetives conseguiram confirmar o álibi de um dos membros-chave da Santa Muerte na noite do crime. Era claro que essa pessoa estava em casa naquele momento, impossibilitando sua participação direta no caso.

Com base nessa evidência sólida, a suspeita em relação à gangue começou a diminuir gradualmente. As atenções se voltaram novamente para outras possibilidades e conexões que poderiam levar à resolução do crime.

Enquanto isso, eu aguardava com nervosismo e esperança de que minha inocência fosse finalmente reconhecida. Sabia que a investigação estava progredindo, mas também entendia que era um processo complexo que exigia tempo e análise minuciosa de todas as pistas disponíveis.

Enquanto os dias se passavam, a pressão aumentava. A mídia começou a especular sobre o caso, lançando teorias e conjecturas que apenas aumentavam a confusão e o estresse para todos os envolvidos.

No entanto, eu mantive minha confiança na justiça e na capacidade dos investigadores de desvendar a verdade por trás da morte de Caym Pecoraro. Continuava cooperando plenamente com as autoridades, respondendo a todas as perguntas e fornecendo qualquer informação adicional que pudesse ajudar no caso.

Enquanto isso, os detetives continuavam incansavelmente sua busca por respostas, explorando cada pista e seguindo cada linha de investigação possível. Sabiam que o tempo era essencial, mas também entendiam a importância de uma investigação minuciosa para garantir justiça.

Enquanto aguardava pacientemente por notícias do progresso da investigação, eu me apoiava em minha família e amigos mais próximos, que me ofereciam seu apoio incondicional nesse momento difícil. Juntos, enfrentávamos essa situação angustiante, confiantes de que a verdade prevaleceria no final.

Dois dias se passaram desde que fui finalmente inocentada de todas as acusações relacionadas ao caso do assassinato de Caym Pecoraro. A notícia se espalhou rapidamente pela cidade, trazendo um misto de alívio e surpresa para todos que acompanharam de perto o desenrolar do caso.

Graças a Deus.

CAPÍTULO 19

Após longos meses de planejamento e reflexão, chegou o momento de colocar meu plano em ação. A decisão de deixar tudo para trás e embarcar nessa jornada rumo ao México já estava tomada há muito tempo, mas eu mantive segredo sobre meus planos para evitar interferências externas.

Na manhã da minha partida, acordei com um misto de excitação e ansiedade. Arrumei minha mala cuidadosamente, certificando-me de levar apenas o essencial para essa nova fase da minha vida. Ao me despedir de casa, senti um aperto no coração, mas sabia que era necessário seguir em frente.

O México é o meu verdadeiro Éden.

No aeroporto, enquanto esperava para embarcar no avião, observei atentamente as pessoas ao meu redor. Havia uma agitação característica dos viajantes, cada um com sua própria história e destino. Foi quando meus olhos se fixaram em um homem alto e misterioso que se destacava entre a multidão.

Ele tinha uma presença magnética e uma aura que me intrigou imediatamente. Seus cabelos escuros caíam levemente sobre os olhos penetrantes, realçando sua expressão enigmática. Mas o que mais chamou minha atenção foi a tatuagem marcante em seu braço: a imagem detalhada da Santa Muerte.

Elijah, conhecido como o líder da Santa Muerte.

Sua aparência era cativante, com traços fortes e uma beleza quase sombria. Cada movimento dele parecia carregar um ar de mistério e magnetismo.

Enquanto o tempo passava e o embarque se aproximava, por um golpe de sorte ou destino, nossos caminhos se cruzaram mais uma vez. Elijah se aproximou e, para minha surpresa, escolheu o assento ao meu lado no avião. O coração acelerou enquanto nos acomodávamos e trocávamos olhares fugazes.

— Então, qual é o destino final? Vai visitar alguém especial? — Elijah disse, quebrando o silêncio entre nós.

— Ah, sim! Estou indo para a Cidade do México, estou indo morar lá. E você? — eu pergunto, desviando o seu olhar e olhando pela janela.

— Que coincidência! Também estou indo para a Cidade do México. Estou voltando, na verdade. — Antes que eu possa responder, ele continua: — Que falta de educação a minha! — ele diz, colocando a mão na testa. — Me chamo Elijah.

— Prazer, Elijah. Sou a Lilith.

— Que nome intrigante... Combina com você. E você já tem estabilidade e um lugar para ficar lá?

— Sim, eu nasci na Cidade do México, meu pai deixou uma casa lá para mim. Eu decidi vender minha Ferrari para ter mais estabilidade financeira e aproveitar melhor a vida.

— Uau, isso é impressionante! Você realmente está comprometida em construir uma vida sólida. Como foi vender a Ferrari? Deve ter sido uma decisão difícil.

— Difícil mesmo... Foi um presente do meu pai, de 15 anos. Tinha um valor muito sentimental. — Eu pisco para afastar as lágrimas e olho pela janela novamente. — Dia bonito, não é?

— Sim, as nuvens parecem tão macias e brancas. É quase como se pudéssemos tocá-las — ele diz sorrindo. — Esse livro é bom? Estou procurando algo para ler durante o voo — ele diz apontando para o livro que está no meu colo.

— Definitivamente! É um dos meus favoritos. Tem uma história cativante e personagens bem desenvolvidos — eu digo, genuinamente feliz. Eu amo falar de livros, principalmente quando é o meu favorito.

— Ótimo, acho que vou dar uma chance a ele então — ele diz com um sorriso de canto, vendo minha animação.

Conforme o avião decola, continuamos a conversar sobre nossos interesses em comum, como filmes, música e viagens.

Elijah e eu começamos a conversar sobre carros. Ele revelou que é realmente o líder da Santa Muerte, tive que fingir surpresa.

Mas ao mesmo tempo senti uma estranha conexão com ele.

Decidi abrir meu coração e compartilhar com Elijah que eu costumava ser líder de uma gangue também. Infelizmente, tudo mudou quando meu melhor amigo, que também era o líder, morreu. A gangue se desfez e eu tive que deixar aquele estilo de vida para trás.

Enquanto trocávamos histórias, percebi que todos estavam errados sobre Elijah, inclusive eu. Ele não era apenas um líder de gangue intimidante, mas também um homem incrível e fascinante em muitos aspectos.

Decidimos trocar números de telefone e combinamos de nos encontrar novamente. Agora, aqui estamos nós, no avião, ansiosos para continuar essa jornada de conhecimento mútuo. Estou animada para descobrir mais sobre Elijah e explorar essa conexão especial entre nós. Às vezes, as pessoas são muito mais do que aparentam ser à primeira vista. Estou grata por ter encontrado alguém tão único como Elijah em minha vida.

Enquanto o avião pousava, trocamos olhares cheios de significado. O momento de despedida estava se aproximando e sabíamos que teríamos que nos separar, pelo menos por enquanto.

— Chegou a hora de nos despedirmos, Elijah — disse eu com um sorriso triste. Ele olhou para mim com seriedade e concordou:

— Sim, infelizmente. Mas tenho certeza de que nos encontraremos novamente em breve.

Eu acreditei em suas palavras e senti um aperto no coração. Foi incrível conhecer Elijah e descobrir que ele era muito mais do que eu imaginava.

Nos abraçamos uma última vez e me afastei para pegar um táxi em direção à casa que meu pai havia deixado para mim. Ao chegar, fiquei surpresa com a beleza da casa de dois andares. Era uma construção moderna, toda pintada de branco, com um design elegante.

Explorei cada cômodo da casa, maravilhada com a decoração minimalista e os móveis sofisticados. Senti-me imediatamente em casa, como se aquele lugar tivesse sido feito para mim.

Enquanto organizava minhas coisas nos quartos espaçosos, meu celular vibrou com uma mensagem de Elijah:

"Ei, Lilith! Que tal irmos a um barzinho para comemorar o nosso encontro? Conheço um lugar perfeito não muito longe da sua casa".

Um sorriso se formou em meus lábios ao ler a mensagem. Estava ansiosa para passar mais tempo com Elijah e explorarmos a cidade juntos.

Digitei rapidamente minha resposta:

"Claro, Elijah! Adoraria ir ao barzinho. Me mande o endereço e nos encontramos lá".

Com as malas parcialmente desfeitas, me arrumei rapidamente e saí em direção ao barzinho, animada para continuar essa jornada com Elijah e descobrir até onde essa conexão especial nos levaria.

Cheguei ao barzinho clandestino que Elijah mencionou, localizado em um beco escondido na vibrante Cidade do México. A música pulsante e o ambiente misterioso criavam uma atmosfera excitante.

Elijah me guiou pelas mesas cheias de pessoas animadas, até encontrarmos um canto mais tranquilo onde poderíamos conversar. Pedimos nossas bebidas e mergulhamos em conversas profundas e risadas contagiantes.

Enquanto apreciávamos a música ao vivo e dançávamos juntos, sentia-me envolvida em um mundo novo e emocionante. Era como se estivéssemos em nossa própria bolha, distantes das preocupações do mundo exterior.

Mas logo essa sensação se transformou em tristeza novamente.

O bar agitado e barulhento não combinava com meu estado de espírito. Logo me senti exausta e decidi voltar para casa.

Ao decidir partir, me aproximei de Elijah para me despedir e chamar um táxi. No entanto, antes que eu pudesse fazer isso, ele segurou suavemente meu braço e disse com um sorriso caloroso:

— Lilith, não precisa chamar um táxi. Eu posso te levar para casa, se quiser. É o mínimo que posso fazer depois de uma noite tão intensa.

Olhei nos olhos dele por um momento, sentindo uma mistura de surpresa e gratidão. A ideia de mais alguns momentos juntos parecia acolhedora e reconfortante.

— Você faria isso por mim? Seria ótimo ter a sua companhia no caminho de volta para casa.

Elijah assentiu com um aceno de cabeça e abriu a porta do carro, esperando que eu entrasse. Enquanto nos acomodávamos nos assentos confortáveis do veículo, o silêncio pairava no ar, mas era um silêncio cheio de significado.

Enquanto Elijah dirigia pelas ruas tranquilas da cidade, o som suave da música preenchia o espaço entre nós, criando uma atmosfera íntima e reconfortante.

— Obrigada por tudo hoje à noite, Elijah. Foi uma experiência única e especial estar ao seu lado.

Elijah sorriu gentilmente enquanto mantinha os olhos na estrada.

— O prazer foi todo meu, Lilith. Sinto que nos conhecemos há muito tempo, como se fôssemos almas gêmeas destinadas a cruzar nossos caminhos — ele disse com um sorriso bobo estampado nos lábios.

Minhas bochechas coraram levemente diante de suas palavras, e eu senti meu coração se aquecer ainda mais.

— É engraçado como a vida nos surpreende, não é? Nunca imaginei que encontraria alguém como você em um lugar tão inesperado.

— Às vezes, as melhores coisas acontecem quando menos esperamos. E estou grato por tê-la encontrado.

O restante da viagem foi preenchido por uma conversa leve e descontraída, enquanto compartilhávamos histórias e risadas. O trajeto parecia tão curto, mas cada minuto ao lado de Elijah era precioso.

Ao chegarmos em frente à minha casa, Elijah estacionou o carro e desligou o motor. Trocamos olhares cheios de admiração e gratidão.

— Obrigada novamente, Elijah. Por tudo. Essa noite foi especial e você a tornou ainda mais memorável.

— Eu que agradeço por compartilhar esse momento comigo, Lilith. Espero que possamos nos encontrar novamente em breve.

— Posso te perguntar uma coisa? Onde você estava antes de voltar para o México?

— Estive em Chicago... — eu respondo, um pouco confusa, já que viemos juntos de Chicago, mas resolvo deixar para lá. Ele deve ter se esquecido, ou talvez seja o efeito da bebida.

— Sério? Que coincidência! Também estava morando lá. O que te levou até lá?

— Eu fui participar de algumas competições de racha. Fui convidado e não resisti à oportunidade.

— Aposto que se divertiu. Os rachas são incríveis, a adrenalina é maravilhosa. Sou apaixonada por carros e pelas corridas.

— Sim, Lilith, os rachas são realmente incríveis. A adrenalina correndo nas veias, a emoção de acelerar ao máximo... É uma sensação indescritível. Fico feliz em ver sua paixão por carros e corridas. E sobre a sua antiga gangue... saiba que você sempre vai ser bem-vinda na Santa Muerte.

— Elijah, agradeço imensamente pelo convite para me juntar à Santa Muerte. É uma honra ser acolhida por você e pelos membros da gangue. Vou pensar seriamente nessa proposta e considerar o que é melhor para mim. Agradeço novamente pela oportunidade e pela confiança depositada em mim — eu digo abrindo a porta do carro.

Enquanto abro a porta do carro, olho para ele com um sorriso sincero. Suas palavras tocaram profundamente minha alma e despertaram em mim uma vontade intensa de fazer parte dessa família. No entanto, confesso que também tenho algumas preocupações e hesitações.

Uma delas é o decreto papal que condena as atividades da Santa Muerte. Embora eu tenha uma enorme admiração por ele e pelos membros da gangue, não posso ignorar o peso desse preconceito e as implicações que ele pode trazer para minha vida.

É um dilema que me faz refletir sobre os valores que carrego e como eles se alinham com essa escolha. Ainda assim, reconheço a importância de conhecer as pessoas além das aparências e estereótipos.

Prometo que levarei em consideração todas essas questões ao ponderar sobre a proposta. Quero ser justa comigo mesma e com aqueles que confiaram em mim. Afinal, tomar uma decisão significativa como essa requer tempo, discernimento e coragem.

Agradeço novamente pela oportunidade que me foi oferecida e pela confiança depositada em mim. Quero que ele saiba que estou levando esse convite muito a sério e darei o meu melhor para encontrar a resposta que seja verdadeira para mim.

Com um aceno de despedida, fecho suavemente a porta atrás de mim, sabendo que tenho uma jornada de reflexão pela frente.

CAPÍTULO 20

Ao entrar em casa, tranco a porta atrás de mim, sentindo a necessidade de criar um espaço seguro e protegido para pensar sobre tudo o que foi dito. Enquanto caminho pela sala, observo as paredes vazias, os móveis simples e uma sensação de vazio toma conta de mim. Percebo que minha nova casa está sem personalidade, como se estivesse esperando por algo para preenchê-la.

A ideia de fazer compras e decorar rapidamente surge em minha mente. Quero transformar esse lugar em um verdadeiro lar, onde eu possa me sentir confortável e pertencente. Sinto a necessidade de deixar minha marca aqui, de criar um ambiente que reflita quem eu sou e o que valorizo.

Decido ir para o quarto e terminar de desfazer as malas. Enquanto abro a mala, meus olhos se encontram com um retrato antigo, cuidadosamente embrulhado em papel. É uma foto minha e do Ronan, capturando um momento feliz que compartilhamos juntos antes de sua partida prematura.

Um nó se forma em minha garganta e as lágrimas começam a escorrer pelo meu rosto. A dor da perda é intensa, mas também sinto uma mistura de determinação e força dentro de mim.

Sento em minha cama e sussurro para mim mesma:

— Não se preocupe, Ronan. Você pode descansar em paz. Eu vinguei você.

CAPÍTULO 21

As lembranças inundam minha mente, trazendo à tona momentos que pareciam distantes, mas que agora se tornam vívidos novamente.

Perdida em pensamentos, um sorriso involuntário surge em meus lábios ao recordar a morte daquele hijo de puta que matou o meu melhor amigo.

CAPÍTULO 22

Quando recebi a mensagem do Hyun, disse a ele que não iria para o racha. Mas algo dentro de mim mudou de ideia, então liguei para ele e pedi que me buscasse pelos fundos da minha casa. Havia algo diferente no ar naquela noite.

Enquanto eu me preparava para o confronto com Caym, um plano meticuloso tomava forma em minha mente. Sabia que não podia deixar rastros, então decidi finalizar a compra das passagens para o México no exato momento em que ele encontraria seu destino final.

Com as mãos trêmulas de antecipação, peguei meu celular e acessei o site de reservas. Digitei os detalhes da viagem, escolhendo cuidadosamente as datas e os voos mais discretos. Cada clique era como uma peça do quebra-cabeça se encaixando perfeitamente.

Enquanto finalizava a compra, uma ideia brilhante surgiu em minha mente. Pedi a Hyun que me buscasse pelos fundos da minha casa, evitando assim qualquer câmera de segurança que pudesse registrar a saída do meu carro. Era um toque adicional de precaução para garantir que ninguém pudesse me rastrear.

Há alguns meses, comprei uma arma fria. Era uma precaução, um lembrete constante de que eu precisava estar preparada para qualquer situação. Coloquei-a cuidadosamente no coldre preso à minha coxa, me certificando de que estava escondida sob o vestido.

A adrenalina corria pelas minhas veias enquanto eu esperava, sabendo que o desfecho estava próximo. Quando Hyun chegou, entrei em seu carro com uma mistura de excitação e determinação. A sensação de estar um passo à frente de todos era incrivelmente gratificante.

Cheguei à corrida e tudo parecia tranquilo. Os motores rugiam e as pessoas riam e se divertiam ao meu redor. Foi quando avistei Caym e seus homens. Eles estavam rindo alto, como se fossem donos do lugar. Decidi me aproximar discretamente para ouvir a conversa

Foi então que ouvi Caym dizer:

— O Ronan foi mais um. Primeiro a Ster, depois ele e depois a mãe do filho da puta do Matthew.

Meu sangue ferveu de raiva. Todas as memórias dolorosas voltaram à tona. Era hora de fazer justiça.

Era hora de aproveitar, Caym e seus homens estavam afastados de todos.

Sem hesitar, puxei a arma do coldre e apontei diretamente para Caym. Os olhares ao meu redor se voltaram para mim, mas eu não me importava. Aquele momento era sobre fazer justiça pelos que haviam sido perdidos.

O som ensurdecedor do tiro ecoou pelo ar, interrompendo a festa momentaneamente. Caym caiu no chão, sua arrogância substituída pelo choque e pela dor. Eu sabia que não podia desfazer o passado, mas pelo menos podia impedir que mais pessoas sofressem.

Com o coração acelerado, liguei para Hyun e disse que queria ir para casa. A adrenalina ainda pulsava em minhas veias e eu precisava de um momento para me acalmar. Ele prontamente concordou em me buscar e me levar para casa.

Enquanto voltávamos, a sensação de alívio se misturava com o peso do que eu havia feito. Sabia que minha vida nunca mais seria a mesma, mas também sabia que havia feito o que era necessário naquele momento.

Cheguei em casa, respirei fundo e olhei para a arma fria em minhas mãos. Ela era um símbolo do poder que eu havia encontrado dentro de mim, uma lembrança de que eu era capaz de proteger aqueles que amava.

Após o desfecho tenso com Caym, eu sabia que precisava eliminar qualquer evidência que pudesse me conectar ao crime. O primeiro passo foi vender meu valioso carro, uma Ferrari vermelha e chamativa, que certamente chamaria atenção indesejada.

Com a ajuda de um contato confiável, encontrei um comprador discreto e negociamos um preço justo. O processo foi meticuloso, garantindo que todo o histórico do veículo fosse apagado e que qualquer rastro meu fosse eliminado.

Mas a eliminação da arma fria era uma tarefa ainda mais desafiadora. Sabia que não podia simplesmente descartá-la em algum lugar óbvio. Então, com cuidado e cautela, planejei uma estratégia para fazê-la desaparecer sem deixar vestígios.

Pesquisei técnicas de limpeza forense e aprendi como remover qualquer impressão digital ou DNA da arma. Usando luvas de látex e seguindo todas as precauções necessárias para não deixar minhas próprias marcas, limpei meticulosamente cada centímetro da arma.

Em seguida, embalei-a em várias camadas de plástico resistente e a coloquei dentro de uma bolsa impermeável. Dirigi por horas até chegar a uma área remota, onde encontrei um lago profundo e isolado.

Com o coração acelerado, lancei a bolsa na água escura e assisti enquanto ela afundava lentamente até desaparecer completamente. A sensação de alívio misturada com uma pitada de ansiedade tomou conta de mim. A arma fria estava agora longe do meu alcance e de qualquer possível investigação.

Cada detalhe desse plano, desde a venda do carro luxuoso até o desaparecimento da arma, foi executado com precisão cirúrgica. Eu sabia que não podia deixar nada ao acaso, pois meu futuro dependia disso.

Agora, livre das evidências comprometedoras, eu estava pronta para iniciar uma nova vida no México.

Eu escolhi o México como destino porque é o lugar onde nasci e onde guardo muitas memórias especiais. Desde a infância, tive a sorte de passar momentos incríveis ao lado do meu pai e do Ronan, que sempre foram uma presença constante em minha vida.

Lembro-me das tardes ensolaradas na praia, construindo castelos de areia e mergulhando nas águas cristalinas do mar. Os passeios pelas ruas coloridas das cidades coloniais, com suas fachadas históricas e cultura vibrante, deixaram uma marca profunda em minha alma.

Era como se o tempo parasse e nos envolvesse em uma atmosfera de alegria e serenidade. Os sorrisos calorosos das pessoas locais, a música contagiante que ecoava pelas ruas e o aroma delicioso da comida mexicana enchiam meus sentidos de felicidade.

Essas memórias preciosas ficaram gravadas em meu coração, e quando decidi buscar paz e renovação, foi natural que escolhesse o México como refúgio. Eu sabia que lá encontraria não apenas um lugar geográfico, mas um lar emocional onde pudesse me reconectar com minhas raízes e criar novas lembranças felizes.

Ao planejar minha viagem, levei em consideração cada detalhe para garantir que minha estadia no México fosse repleta de tranquilidade e serenidade. Pesquisei destinos que me permitissem aproveitar a natureza exuberante, como as praias paradisíacas de Tulum ou as paisagens deslumbrantes de Chiapas.

Ao chegar ao México, fui recebida com um caloroso abraço do sol, que parecia acolher-me de volta à minha terra natal. A brisa suave do mar sussurrava palavras de conforto e a hospitalidade do povo local me fazia sentir em casa.

Explorar as cidades coloniais, caminhar pelas ruas de paralelepípedos e admirar a arquitetura histórica era como voltar no tempo e reviver aquelas lembranças de infância. Cada esquina guardava uma surpresa, um pedacinho do passado que me trazia alegria e nostalgia.

Os cenotes, com suas águas cristalinas e misteriosas, eram convites irresistíveis para mergulhar em uma jornada de autodescoberta. A sensação de flutuar naqueles poços naturais era como se eu estivesse deixando para trás todas as preocupações e abraçando a liberdade de ser eu mesma.

E, é claro, a culinária mexicana era um deleite para os sentidos. Cada prato autêntico que experimentava era uma explosão de sabores e uma celebração da cultura local. Desde tacos crocantes até guacamole fresco, cada refeição era uma oportunidade de saborear a vida e apreciar as pequenas coisas.

Durante minha estadia no México, tive tempo para refletir sobre minha vida, traçar novos objetivos e encontrar a felicidade nas coisas mais simples. Conheci pessoas amigáveis, fiz amizades duradouras e mergulhei ainda mais na rica cultura do país.

O México se tornou o ponto de partida para uma nova jornada em minha vida. Descobri minha força interior, minha resiliência e a capacidade de superar adversidades. Essa viagem não foi apenas uma fuga física, mas também uma jornada de cura emocional e renascimento.

Encontrei a paz que tanto buscava nesse país acolhedor. Sem precisar mudar meu nome ou identidade, abracei a oportunidade de recomeçar, com um coração leve e cheio de esperança para o futuro. O México me deu a chance de deixar para trás o passado e abraçar um novo começo cheio de possibilidades.

E assim, entre as ruas coloridas, os sorrisos calorosos e os sabores autênticos, encontrei o refúgio de que tanto precisava. O México não apenas me acolheu, mas também me ensinou a abraçar minha verdadeira essência e a encontrar a felicidade em cada momento. Sou grata por todas as memórias preciosas que criei lá e pela renovação que essa viagem trouxe para minha vida.

O México é o meu verdadeiro éden. Desde que coloquei meus pés nesta terra encantadora, senti uma conexão profunda e inexplicável com tudo ao meu redor. A energia vibrante das ruas, a riqueza de sua história, a beleza de suas paisagens naturais e a hospitalidade de seu povo me conquistaram de uma forma única.

Estou pronta para enfrentar os próximos desafios que a vida me reserva. Sinto que este país me oferece infinitas oportunidades de crescimento pessoal e profissional. Cada dia é uma nova aventura, uma nova descoberta, uma nova chance de me reinventar. Sinto-me fortalecida e preparada para abraçar tudo o que o futuro me reserva.

No entanto, apesar de toda a minha gratidão e amor pelo México, não posso deixar de mencionar uma frustração que ainda me assola. É realmente uma pena que não exista mais nenhum Pecoraro que eu possa matar.

A maldição da família Pecoraro — uma linhagem de indivíduos desprezíveis e maliciosos — foi ter cruzado com o meu caminho

As injustiças que eles cometeram contra mim e outras pessoas são inaceitáveis e imperdoáveis. Desde então, tomei para mim a missão de eliminar cada um deles, um por um.

Era algo pessoal, uma questão de justiça e vingança. Seria uma honra acabar de uma vez por todas com a raça desses desgraçados. E descobri recentemente que existe mais um Pecoraro por aí.

Infelizmente, parece que ele desapareceu sem deixar rastros. Fui privada da oportunidade de garantir que esses indivíduos nunca mais causem dor e sofrimento a ninguém.

No entanto, não me deixarei abater por isso. Continuarei minha jornada no México, aproveitando cada momento e enfrentando cada desafio com coragem e determinação. Afinal, o verdadeiro Éden não está apenas no destino final, mas também na jornada que trilhamos para chegar lá.

Assim, seguirei adiante, explorando cada pedacinho deste país que me acolheu de braços abertos. E talvez, um dia, eu encontre outro inimigo à altura dos Pecoraros. Até lá, continuarei a me maravilhar com a beleza e a magia do México, enquanto mantenho viva a chama da justiça em meu coração.

Bem, mas eu espero mesmo encontrar o último Pecoraro...

Obs.: a minha caça pelos Pecoraros não acaba aqui.

Querido leitor,

Sinto-me profundamente conectada com cada palavra que escrevi, cada personagem que criei e cada emoção que compartilhei. Este é o meu primeiro livro, e embora eu saiba que pode não atingir as expectativas de todos, quero que saibam o quanto amei cada momento da escrita. Cada palavra foi como uma parte da minha alma sendo expressa.

Esta jornada na escrita está apenas começando, e estou animada em anunciar que a continuação de Éden já está em andamento. Mal posso esperar para compartilhar mais histórias emocionantes com vocês.

Com muito amor, Pamela.